悪運をはねのけ強運を引き寄せる

陰陽師の教え

幸輝

サンマーク出版

本書をお読みいただく方へ、特典として霊符《れいふ》を添えました。
清潔な手で、点線に沿って丁寧に切り取りお使いください（くわしくは本書二八ページ）。

◎右《陰の霊符》

【招金銀入宅富貴不逢殃禍符】

家や部屋に貼ることで、災いを退け、「円」と「縁」を引き寄せます

◎左《陽の霊符》

【大願望成就御秘符】

肌身離さず持ち歩くことで、社会的成功などの願望をかなえます

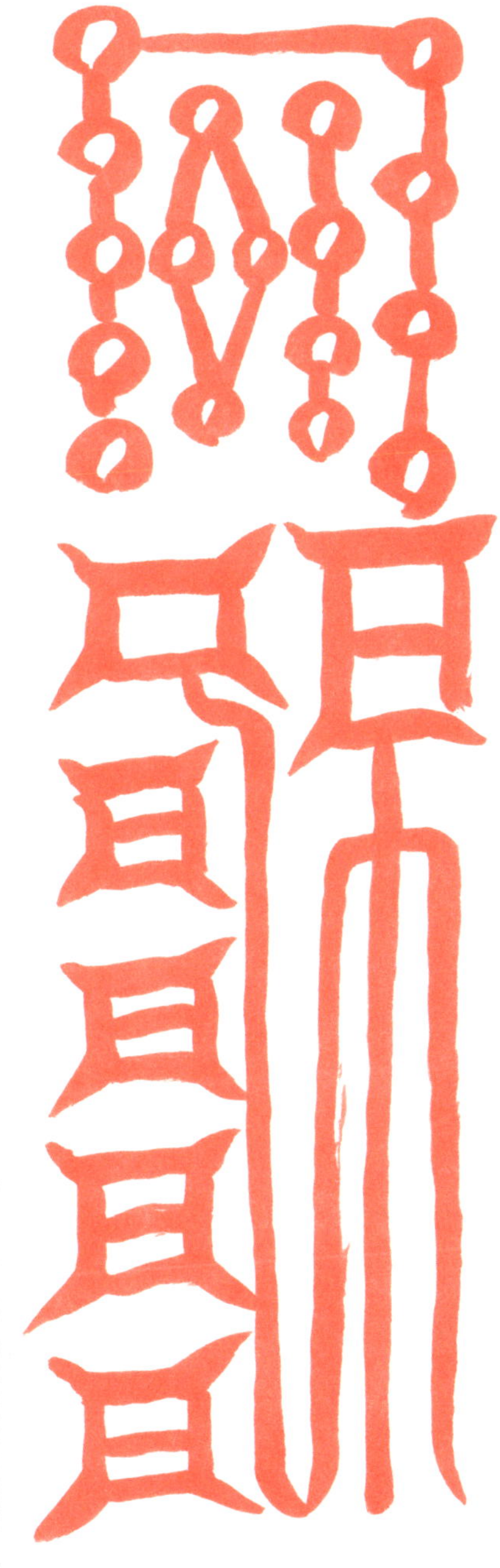

運がいい。

運が悪い。

こんなことを考えるとき、心のどこかでそれを「自分の外から身に降りかかってきたもの」と思っていませんか？

自分ではない何か大きな力によって「もたらされたもの」と思っていませんか？

この本で私がお伝えしていくこと、それは、

運とは、自分が創《つく》るものだということ。

それも、一瞬一瞬の運を、自分次第で変えられる、ということです。

私は八〇〇年続く陰陽師《おんみょうじ》を祖先とし、その末裔《まつえい》として四国の四万十

の地で、一子相伝の陰陽師の教えを受け継ぎながら、陰陽師が用いた「四維《しい》八干《はっかん》」という羅盤に基づく鑑定を行っています。

鑑定師として三〇年の道を歩みながら、**これまで鑑定してきたのは5万人以上**。

とくに経営者の方々が多かったせいでしょうか、「どうしたら運気を上げられるか」というご相談も多く、「運気を上げる方法」という視点で、先祖代々受け継がれる陰陽師の教えをひもとき、それにもとづく開運法をお伝えしてきました。

「運」とは「運気（運氣）」のこと。

運気とは、字のごとく、「氣」を「運ぶ」こと。また、「運ばれ」ている「氣」の流れのことです。

「氣」とはエネルギーそのものであり、万物を構成する基本的な要素です。

この世のあらゆる現象は「氣」の動き、「氣」の流れによって立ち現れ、変化していきます。

運び方次第で、「運気」の流れは上向きにすることもできれば、下向きにすることもできるのです。

「運気」を運ぶのは、「氣」の持ち主であるあなた自身です。

何をやってもうまくいかず不運が続くとき、自分でもなんだか流れがよくないな、と感じるときがあるのではないでしょうか。

しかしそれは、「いまは悪い運気の時期だから」不運が度重なるのではありません。ましてや、「不運な星の下に生まれてきたから」そうなのではありません。

一つの不運に対し、自分の「氣」を下向きに落としたままでいるから、下向きの流れに「氣」がからめとられてしまって、どんどん悪い方向へと流されていくのです。

一方、何をやってもうまくいく人、ありえないくらい幸運が続く人もいます。

自分が思ったように物事が進み、自分の願いが次々にかない、幸運が次々に訪れたら、これほどいいことはありませんよね。

そんな、いわゆる「強運の持ち主」という人も、私はこれまでたくさん見てきましたが、彼らはもともと恵まれた環境にいたわけではありません。

それぞれに置かれた環境や状況はさまざまですが、彼らに共通するのは、**「幸運」ではなく「幸運に変えてしまう力」を持っているということです。**

実際のところ、一見すると不運に見える出来事は、誰の身にも起きます。

それにどう対応するか、そこからどう行動していくかはその人次第。

逆境や不遇にあって、自分を奮い立たせて道を拓《ひら》くか、小さな出来事に不平不満を募らせ、不幸を嘆き、自分の殻に閉じこもるか。

道はくっきりと二つに分かれているのです。

運気とは、小さな矢印をイメージしていただくといいでしょう。

自分の「氣」というその小さな矢印を、その瞬間、どの方向に向けるのか。それが運気の流れをつくります。

「氣」の方向が変われば、行動が変わります。

一瞬一瞬の行動、考え方で、不運に見えることさえも、運命を好転させるきっかけにすることができる。このことを、私はお伝えしたいのです。


運気は、受動的に受け止めるものではなく、能動的に運ぶもの。

自分の「運気」は、一瞬一瞬で変えることができる。


この本を手に取ってくださったことも、もう、「強運」への一歩を踏み出しているということ。

さぁ、さっそく理想の未来へまいりましょう。

悪運をはねのけ強運を引き寄せる陰陽師の教え

目次

Chapter 1

運気を上げる朝の暗示

Chapter

2

運気を変える昼の暗示

Chapter 3

運気を浄化する夜の暗示

Chapter 4

男女関係がうまくいく陰陽術

Chapter 5

お金に好かれる陰陽術

ブックデザイン　轡田昭彦+坪井朋子
カバーイラスト　鱗粉あす
構成　肥田倫子
編集協力　乙部美帆
編集　橋口英恵（サンマーク出版）

プロローグ

四国霊場の陰陽師の末裔が学んだ「門外不出」の禁断の学問

私は、四万十川の上流にある山間の小さな村に生まれました。

四万十川は高知県の西部を流れる四国最長の川です。四国には八十八か所の霊場があり、四万十川の上流にもお遍路さんが立ち寄る霊場があります。

私の故郷は、いまでこそ車で行き来ができますが、昔は隣の町に行くまで歩いて五時間もかかったほどの、山深い場所にあります。私は高校までその村で過ごしましたが、家から高校までは、自転車で片道二時間の距離がありました。

なぜ、そんな山深い場所に人が住んでいるのか？

それにはわけがあります。

私は、陰陽師を祖先にもつ家系に生まれました。

陰陽師といえば、すぐに「安倍晴明《あべのせいめい》」の名前が浮かぶでしょう。安倍晴明とは、平安時代中期の第六六代天皇、一条公（九八〇〜一〇一一年）に仕えた陰陽師です。

その一条家の流れをくむ公家が、応仁の乱の際、対抗勢力に追われるようにして、都から遠く離れた領地であった四国は四万十川の下流に身を潜め、そのまま土着したのが、土佐一条家といわれています。

私の祖先は、その土佐一条家に仕えた陰陽師だったそうです。

陰陽師とは、朝廷内にある専門の役所、陰陽寮に所属する官人であり、陰陽道の知識・技能を持つ者のこと。

もともと陰陽道とは森羅万象を理解するための学問で、陰陽師は、天文学、方位学、暦学、易学などに基づいて、都市計画や暦、年中行事の作成などに携わっていました。

吉凶占いやお祓《はら》い、祈禱《きとう》といった漫画や小説などで知られる呪術的な側面は、さまざまな学問を研究し、豊富な知識が養われる過程で付随的に生まれたものです。

職務上、陰陽師は時の政争に密接に関わっており、その呪術的な能力から、最盛期には朝廷関係者の行動まで管理できるほどの力を持っていたそうです。

そのため、**陰陽寮で研究されていた陰陽道は、かつては門外不出、禁断の学問とされていたのです。**

陰陽師は基本的に天皇に仕える裏方ですから、四国に移ってきた私の祖先は、表向きに陰陽師として活動することはなかったでしょう。

しかし、陰陽師としての仕事はなくとも、陰陽寮で学び培った知識と技能は、しっかり身についていています。それらの知識と技能は、人が人として生きていく上での真理を示し、生活を営む上での知恵となるもの。

門外不出とされていた陰陽道の教え――。私の祖先は、その教えが持つはかりしれない価値を深く理解していたからこそ、四国の地で六〇〇年にわたり、代々一子相伝で脈々と伝えてきたのです。

私は、祈禱師だった祖母から、陰陽の教えを授かりました。

祖母によれば、赤ん坊のときすでに、私の左手のひらからは強い「氣」が出ていたそうです。

うっすらと記憶にあるのは、駐車場にはいつも県外ナンバーの車がたくさん並んでいたことと、祖母に呼ばれたときにだけ、白装束に身を包んだ祖母のところへ行き、その傍らで正座して、祖母のもとを訪れた人に手をかざしていたこと。

そのご褒美にもらうカンロ飴がうれしくて、早く自分を呼んでくれないかな、と待ち構えていたものでした。

そんな私が祖母から、陰陽師の教えの数々について具体的に教えを受けたのは、中学生になってからでした。

いくつもの襖《ふすま》を開けてたどりつく奥の部屋。小さな机を挟んで、祖先のこと、先祖代々受け継いできた陰陽の教えを一つ一つ、教える祖母。

当時、私はすでにガキ大将でしたが、物心ついたころから見えないものの世界を肌で知っていた私にとって、その教えはとても腑《ふ》に落ち、納得できるものでした。

私は教わった術を使い、友人の驚く顔見たさに、手の指先から「疳《かん》の虫」を出してみたり（古くは〝虫切り〟という陰陽師の呪術のひとつでした）、好きな人との縁を占い、人生相談のようなことをしたりしていたものです。

現在、私は「占導師」として、両手の相を観る「手相鑑定」、そして一二〇〇年前から陰陽師に伝わる占術「四維八干《しいはっかん》」を基にして私自身が生み出した「御縁鑑定」を行っています。

ただ単に「あなたの未来はこうなりますよ」という占いではなく、その時々の「氣」の流れを見て、その人の現在の立ち位置を示し、向かうべき道を切り開くためのアドバイスをするのが占導師です。

凶運の時にあっても、それを強運に転じさせる適切なアドバイスをする。それを使命と思い、これまで五万件以上の方々の鑑定をさせていただいています。

企業経営者、政治家、スポーツ選手から主婦まで、お話しさせていただく方々は実にさまざまですが、鑑定後きまって「こんなによくなりました」「人生が変わりました」「生まれ変わりました」と報告してくださいます。

その言葉に、やっぱり運気は自分で創ることができる、人はいつでも、自分の人生を好転させられるのだということを、改めて教えてもらっている思いです。

目に見えないものの力を、人生にいかす

世の中には目に見えるものがあるように、目には見えないものもある。
すべての物事には陰と陽、二つの面があり、互いがあることで成り立つ。そんな陰陽の教えを幼少時代に体にたたき込まれ、見えない力とともに、私は生きてきました。

私自身が受け継いだ陰陽師の教えを多くの方にお伝えし、ご自身の中に眠る、目に見えない力に気づき、それを人生にいかしていただけたらという思いで、いまは鑑定のほか、セミナーや講演を全国各地で行っています。

目に見えるものに対しては、自然と意識が向かいますが、目に見えないものに対しては、自発的に意識を向けないとその存在を忘れてしまいがちです。
しかし、目で見ることができなくても、手で触れることができなくても、存在して

いることに変わりはありません。

たとえば、魑魅魍魎《ちみもうりょう》、もののけ、妖怪などと呼ばれているものも目に見えない存在の一つです。陰陽の世界ではそうした類の存在を総称し、裏の眷族《けんぞく》といっています。

眷族には、龍や天狗《てんぐ》、大蛇や九尾の狐《きつね》といった神の使いもいますが、ちょっとしたいたずらをするものや、いわゆる悪霊と呼ばれるタチの悪いものもいます。そうした眷族にいたずらをさせないためのさまざまな呪術を、陰陽師は習得していました。

映画やテレビで、陰陽師が術をかける姿を見たことがある人もいるかもしれません。

その「呪術」のなかの一つで、生活様式に溶け込んでいるものがあります。

それが、「結界」です。

結界とは、いわば「見えない壁」のこと。

結界という見えない壁を張ることによって、目に見えない眷族をその場所から退散させたり、逆に悪さをしないよう特定の場所に封じ込めるのです。

古来、日本人は目に見えないものが存在することを認識し、ある意味そうした存在と「共存する」ようにして日常生活を送ってきました。

七九四年、奈良から京へと都が移される際に、陰陽師が京都の街造りに携わり、街そのものを結界として造ったというのは有名な話です。

また、昔ながらの日本家屋では、門と玄関とが向かい合わせにならないように配置されていますが、これも結界の一つ。門と玄関をずらして配置することで、眷族が家に入りにくいようにしているのです。

しかも、門から玄関に続く道は飛び石を不規則に敷くなどして、直線ではなく曲線になっています。これもまた、門と玄関をつなぐ小道を曲線にすることで、家に侵入しようとする眷族の力を衰えさせているのです。

「山手線」は怨霊を封じる結界だった！

そして、もう一つ、現代生活の中に溶け込んでいる結界があります。

それは、日本の首都東京を走る鉄道路線、山手線です。

山手線は、東京の中心部をぐるりと円を描く環状線。鉄の線路を張り巡らし、その上に鉄の列車を常時走らせることによって、結界を張っているのです。

皇居、各種官公庁、日本を代表する企業の本社ビルなどがある山手線の内側は、まさに日本の心臓部ともいえる場所。

その一方で、山手線の内側には平将門の首塚という、非常に強いパワーを持った場所があります。この首塚を動かそうとすると事故が重なることから、俗に怨霊スポットとも呼ばれているほどです。

つまり山手線は、日本の心臓部に悪いものを寄せつけないようにするとともに、平将門霊を封印するという二つの役割を果たしているのです。

さらに山手線の内部に入ってくる路線に中央線があります。これは、東京駅と高尾山を結ぶ路線で、高尾から新宿まではほぼ直線であるにもかかわらず、山手線の内部に入るとなぜか曲線を描くようになっているのです。

山手線の円と中央線の曲線を簡略化して図に表すと、陰陽のシンボルである「太極図」になります（次ページ）。

つまり、中央線は首都に大きな太極図を設けるために、山手線の内部であえてカー

山手線の円と中央線の曲線の図

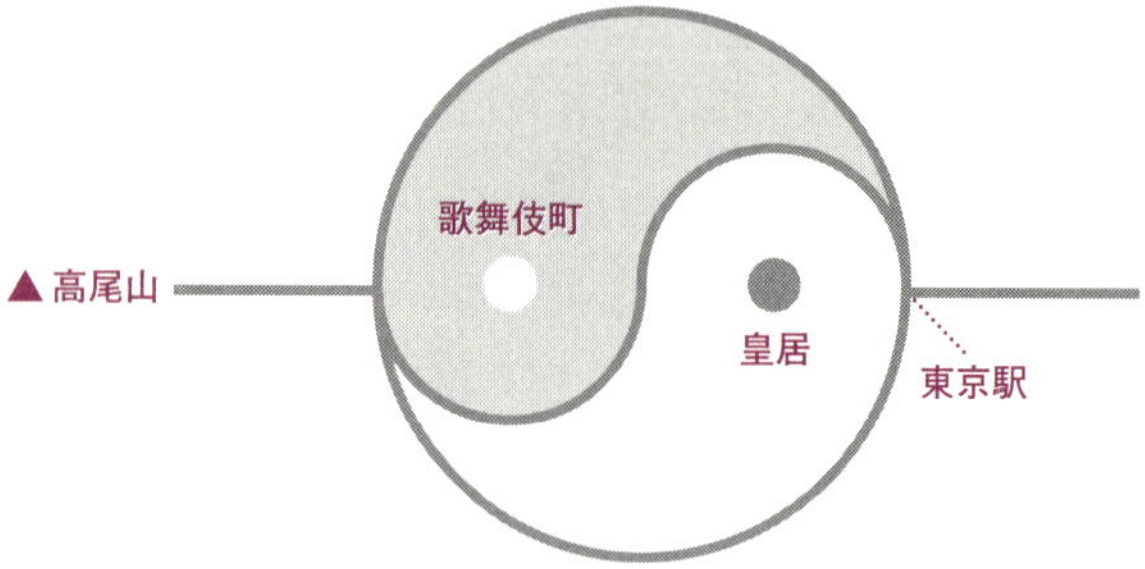

太極図

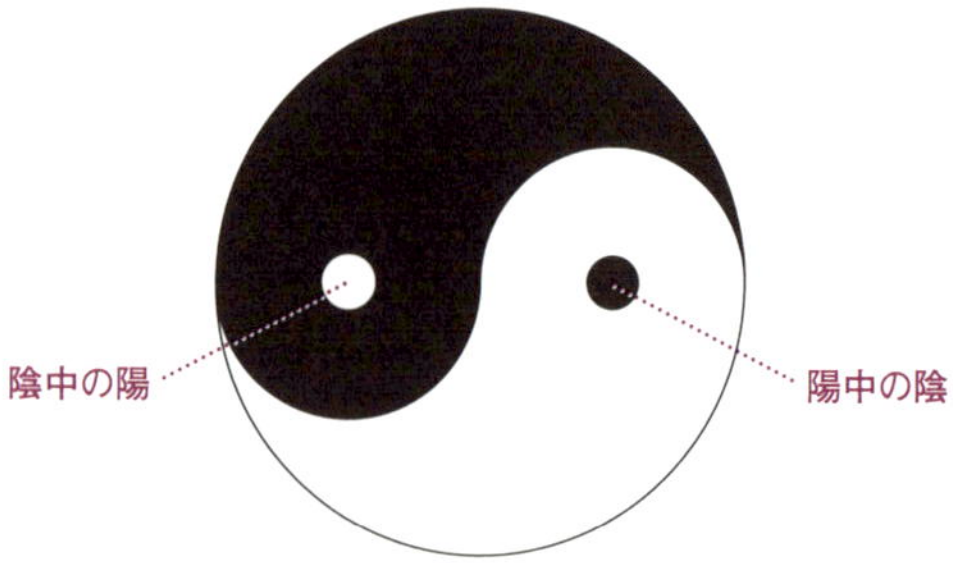

ブを描くように敷かれたのです。

太極図は黒と白に分かれており、それぞれに白丸、黒丸の部分があります。**この黒い部分にある白丸を「陰中の陽《いんちゅうのよう》」、白い部分にある黒丸を「陽中の陰《ようちゅうのいん》」といいます。**

路線図と太極図を重ねると、「陽中の陰」にあたる場所は皇居になります。光が当たる場所にありながら、誰もが入ることのできない場所。それが「陽中の陰」である皇居というわけです。

「陰中の陽」にあたるのは新宿の歌舞伎町です。夜になってもネオンサインが明るくまたたく眠らない街を象徴しているようですね。

中央線は、太極図を描くとともに、高尾山のいいエネルギーを山手線の中に送り込む役目を果たしているといわれています。

また、山手線の上野駅と千葉県の成田を結ぶ京成線は、成田山からのよい気を、山手線の秋葉原駅と茨城県のつくばを結ぶつくばエクスプレスは、筑波山からのよい気を、それぞれ山手線内に送り込んでいるともいわれています。

このように、陰陽学は、現代を生きる私たちの生活の中にも知らず知らずのうちに溶け込んでいるのです。

ちなみに、皇居の側、鬼門に当たる位置に、陰陽師に関係の深い施設があります。

ご存じでしょうか？

それは、気象庁です。

気象庁は未来の天気を占う場所。かつて陰陽寮で行っていた天体観測や天気の予測を、現在、気象庁が受け継いでいるのです。

皇居の鬼門に、陰陽師にゆかりの深い気象庁を配置することで、皇居へ邪気が侵入しないよう妨げているというわけです。


どんなに科学が発達し、文明が発展しようとも、見えないものは存在し続けます。

見えるものだけに焦点を合わせ、見えないものへの意識が失われがちな現代だからこそ、見えないものにも目を向ける陰陽の教えが、生きる上でのヒントになるのではないかと思います。


陰陽の教えとは、物事にはすべて、陽の面と陰の面との二つがあり、すべては表裏一体で成り立っていることを教えています。

この本では、不運やよくない流れを「悪運」と表現して、それらをはねのけて、強運に変えるさまざまな考え方、術をお伝えしていきますが、陰陽の教えに立てば、本当のところは、「悪運」というものはありません。

いいことも、悪いことも、すべては自分に何かを教えてくれる意味あること。

とはいえ、実際に悪運が自分の身にふりかかったり、運気が悪いと感じる出来事が続いたときには、「これも天からのはからいだ」なんて思えないのも、人間。

ですから、この本では、私が鑑定やセミナーでお伝えしている独自の開運方法を中心にお伝えしたいと思います。

一日の流れの中で遭遇するさまざまな場面で、ちょっと自分の運気を上げたいというとき、出来事をどう受け止め、どう行動すると「氣」の流れを上向きにできるかを、陰陽の教えに照らし合わせ、できるだけ具体的に解説していきたいと思います。

付録「陰陽霊符《いんようれいふ》の使い方」

落ち込んでいるとき、心配事があるとき、悩み事があるときなど、心に何かしら負の要素を抱えているときは、何をやってもうまくいかない、普段なら難なくできることが、なぜだかこなせない、ということがありますよね。

これは、「氣」の状態が弱っているからです。

体力が落ちているときに病気になりやすいように、「氣」の状態が弱っているときは、どうしても邪気の影響を受けやすくなってしまいます。

私たちの周りには目に見えないさまざまな眷族がいるとお話ししましたが、邪気とは悪い眷族がもたらす現象であり、眷族そのもの。「氣」の状態が弱った人を見つけると、眷族はその人の後をつけ、その人に悪さを働こうとするのです。

邪気を払うには、先にお伝えした、「結界」を張るのが効果的です。

結界を張る基本的な方法に、盛り塩がありますが、場所がない場合や、見た目に気が引けるときには、この本の付録である霊符《れいふ》をお使いいただくといいでしょう。

◎右（朱）・陰の霊符

【招《しょう》金《きん》銀《ぎん》入《にゅう》宅《たく》富《ふう》貴《き》不《ふ》逢《おう》殃《おう》禍《か》符《ふ》】

これは金銀を家の中に招く霊符です。いまから二〇〇〇年ほど前、仙人が施しを受けた貧しい家へのお礼に書いた霊符で、家に貼ると大富貴（大富豪）になったといういわれのある霊符です。また、子孫繁栄するために、その一家に起こる災いを退ける力も備わっているとされます。

家に貼るだけでも効果はありますが、自身の日々の成長が効果をより高めます。この場合、性別を意識した成長がポイントになります。

男性はとくに、仕事などの外、つまり社会的な活動を意識し、女性は中、家事をはじめ、家の中での物事を大切にすると、家の流れと書く「家流《かりゅう》（金運・健康運・子孫運など）」を強めることにつながるからです。

これはシングルの方でも同じで、自分の性を意識することで「縁」も「円」も引き寄せ、物心両面において、豊かさがもたらされるという霊符です。

◎左（黒）・陽の霊符

【大願望成就御秘符《だいがんもうじょうじゅごひふ》】

この霊符は、かなえたい願望を一つかなえさせてくれるという強い「秘符」です。大願望とは、あれもこれもではなく、ご自身が「天命」と感じる夢のことですが、いまどうしてもかなえたい夢でも結構です。

しかし、これは仕事や資格や就学などについてのもので、恋愛に関する願望に対しての効果は、この霊符にはありません。

この霊符は肌身離さず持ち歩くことで効果が出ます。必ず白い紙に包み込み、折れないように鞄《かばん》やタブレットのケースなどに入れて持ち歩いてください。

家の目線の高いところに置いても効果はある霊符ですが、最も効果が高いのは、この霊符を両手で持ち、かなえたい夢を誰かに話すこと。どうしても難しいと感じる人は、霊符は鞄に入れたままで、霊符を心に思い描きながら、人に夢を話すことから始めてみるといいでしょう。

◎玄関や扉の「右上」に貼る理由

今回本書におつけした霊符は、朱色のほうが家の中に貼るという意味で「陰の霊符」、黒のほうは持ち歩く意味で「陽の霊符」と銘打ちましたが、基本的にすべての霊符は「陽」です。

貼るほうの霊符は、玄関や、部屋の扉の右上に貼ります。

なぜ右上なのかというと、それは、霊符の効力、つまり、結界の強さによります。効力は貼った場所を起点にして右回りに作用していきます。扉のすぐ右が最も強い結界、そこから、強い結界、やや強い結界、弱い結界というふうに、空間をぐるっと一周するように、結界という壁の強度は変わっていくのです。

もしも扉の真ん中に貼ってしまうと、効力の強い空間で扉を開け閉めし、そこを出入りすることになります。それは、せっかく張った結界を、その都度バリバリと破ってしまうことになってしまいます。

また、霊符は紙や木でできています。これは、生命が宿っている材質であり、祝詞《のりと》という言霊《ことだま》を込めやすい材質だからです。

紙の原材料は木。木よりも軽くて薄く、霊符には最適な材質です。ただし、効力的には、厚さのある木の札のほうが強くなりますので、私が霊符を書くときにも、より高い効力を求められるときには、木に書きます。

こうした霊符の効力は、基本的に三〇〇日間続き、そこからは少しずつ効力が弱まっていくとされています。

三〇〇日というのは、六十干支に基づき算出された日数です。六十干支は太陽の暦と月の暦を合わせたもので、占いの基本になっているものです。

お守りやお札を一年ごとに買い換えるのは、三〇〇日が過ぎるとお守りやお札の持つ効力が徐々に薄れていくからです。

あなたが、心地よい空間で幸せな時間を過ごされ、また、あなたらしく伸びやかに活躍されることを祈って、一年間あなたのお供をする陰陽霊符をお届けします。

霊符を貼り、鞄に入れていただいたら、さぁ、本編をはじめましょう。

Chapter

1

運気を上げる朝の暗示

一日の幕が上がる朝。

陰陽の教えでは、一日の始まりである朝は、きわめて大切な時間と考えられています。

一日とは「一生」のこと。

人は毎日生まれ、眠りにつくと同時に死に、そして翌朝、目覚めとともに新たに生まれ変わる。そう考えられています。

「朝」という漢字をじっくりと見てみてください。

十と日と十と月、という漢字が組み合わされてつくられていますよね？

十月十日《とつきとおか》とは、受精から誕生までの時間。

「十月十日」という文字から成り立っている「朝」は、日が昇る時間帯を指すと同時に、新たな自分が生まれるということをも示しているのです。

その「朝」は、その日一日を思いのままに、心地よく生き抜くための「暗示」を自分にかけるのに最も適した時間。

今日一日をどう生きたいか。自分と対話する時間に、ぜひ陰陽師由来の「暗示」を取り入れてみてください。

起きぬけの手のひらに暗示をかけなさい

新たな自分が生まれ、その一生が始まった瞬間である朝。

その朝に、まずやっていただきたいのが、鏡の前で行う「暗示」です。

寝起きの顔をまじまじと鏡で見るというのはちょっと……と思う人もいるかもしれませんが、寝起きの姿は、自分を整えることも、取り繕うこともしていない、一日の中で最も無垢な状態。

この、なんの邪念もない最も無垢な状態の自分に、未来を切り開くための暗示をかけると、スポンジが水を吸うように深層心理にすんなりと入り込んでいきます。

無垢な心と体にスイッチを入れるつもりで、やっていただきたいのは、**利き手でないほうの手で、利き手を、甲側からギュッと包み込んで握ること**です。

右利きの人であれば、左手で、右手の甲をギュッと包み込んで握ります。

そのとき、「絶対にうまくいくぞ！」「絶対にうまくいくぞ！」「絶対にうまくいくぞ!」

と、自分の目標や夢を具体的にイメージして、プラスの言葉をいいながら、ギュッギュッギュッと三回握ります。

これは、何をしているかというと、**「手のひらに運命線を刻み込んでいる」**ということ。「こうなりたい」と自分が願うこと、こうありたい、と思う運命を、手のひらの中でつくっているということです。

毎朝ギュッギュッギュッと手の甲から包むように握っていると、手にひらの中央を縦に走る運命線は、よりくっきりと力強くなっていきます。

自分の願いや目標を口にすることで、意識の中にアンテナが立ち、その願いに関連した情報が自然と集まり、願いをかなえるための出会いに恵まれるのです。

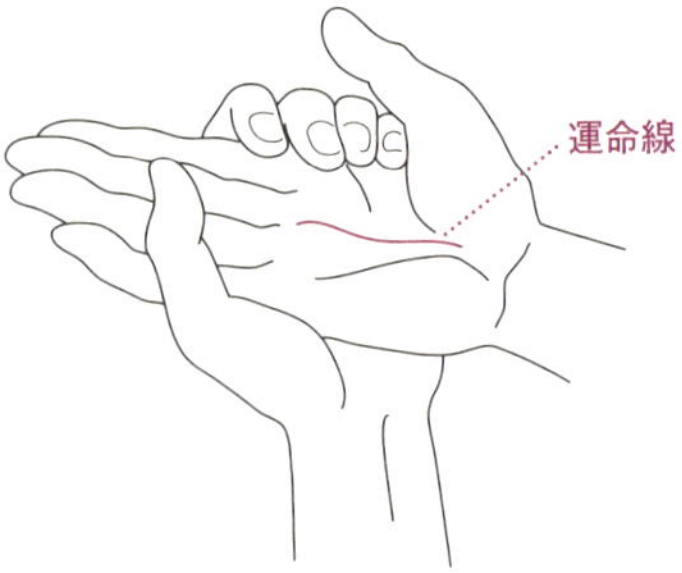

私に陰陽の教えを伝授してくれた祖母は、「握手の数が多ければ多いほど出世するんだよ」が口ぐせでした。

私は手相鑑定も行っていますが、たとえば政治家やアイドルの方の手相を拝見すると、まっすぐに伸びる運命線が目に飛び込んできます。「そういう運命線を持って生まれたからこそ世に出たのだろう」と思われがちですが、決してそうではありません。

政治家は「清き一票をお願いします」といって多くの人と握手をし、アイドルは「CDを買ってくれてありがとうございます」といって多くのファンと握手を交わしますよね。**つまり日常的に多くの人と握手をする習慣があるから、運命線がまっすぐになり、くっきりと刻まれていくのです。**

手相を見るときに、運命線ともう一つ、頭脳線という線もありますよね。

人差し指と親指のつけ根の間から、手の平を横切るように伸びるこの頭脳線も、同様のことがいえます。

「頭脳線がくっきりしている人は頭がいい」といいますが、この線はペンを日常的に握ることによって深く刻まれていくもの。

「頭脳線がきれいに入っているから頭脳明晰《めいせき》なのだ」ではなく、「勉強を熱心にしているから頭脳線が際立ってくる」のです。


運命を表すのは利き手、そして、持って生まれた宿命を表すのがもう一方の手といわれます。


運命を変えるには、手相を自ら描くよう意識することです。すると、運命もそれを追いかけるように、好転していくことが多いのです。

目覚めたばかりの無垢な状態の自分の手の平に運命線を刻みながら「こうなりたい」「こうありたい」といった夢を声に出すことで、あなたの未来が切り開かれていくのです。

宿命に対し、運命とは字のごとく「運ぶ命」。

日々の気持ちの持ちよう、行動の仕方によって、自分の行く先は自在に変えていくことができるのです。

暗示とは神様の〝お示し〟である

前項でご紹介した、運命線を際立たせる習慣のように、この本でお伝えしていくのは、こうした、毎日できる小さな習慣です。

一瞬一瞬の「氣」の持ちようで、運気は変えていける。ひいては人生も好転させられる。そのことを肌で感じていただくために、読んでくださる方が、いますぐにでもできることを中心にご紹介していきます。

陰陽師由来の考え方や術をどう生活にいかしていただくか。そんな視点で、私が学び自分の中に昇華させてきた陰陽師の教えを振り返ると、陰陽師の呪術というのは、すべて「暗示」であるという思いに至ります。

暗示とは、「氣」の持ちようを意図的に操作して、現実に直接働きかけることです。

たとえば、私の田舎《いなか》では、落ち着きのないことを「ざーこ」といいます。

お母さんは子どもに「あんたはざーこして」とよく注意します。これは「もう少し落ち着きなさいよ」という意味合いでいっているわけですが、そういわれた子どもは、お母さんの意図とは裏腹に、「自分はざーこだ」という暗示にかかってしまいます。

「あんたはざーこして」といわれるから、落ち着きがなくなり、さらに「ほらまたざーこして」と繰り返しいわれることで、より落ち着きがなくなっていく。

つまり、子どもはお母さんの「あんたはざーこして」という暗示によって、その言葉どおりの「ざーこ」になっていくのです。

自分への暗示も、同じですよね。

自分はいま運気が悪い、と心から思っていると、次から次へと悪いことが起きる。

自己暗示は、想像以上に効力があることを感じたことがある方も多いのではないでしょうか?

暗示という言葉は、実はとても意味深い言葉です。

暗示という漢字をよく見てみてください。

古来、そして、陰陽学でも、「日」という字は神様を表す漢字とされています。

「日」（＝神）が「立」つ、で「音」。昔から、神様が立ち上がると、「パチン、パチン」と音が鳴るといわれていたそうです。

さらに、「日」（＝神）と「音」を組み合わせると「暗」という字になります。

暗示とは、見えないところからやってくる神様の音、見えない世界からの神様のお示し、ともいえるのです。暗示をかけるというのは、そんな神様の力を借りること、ともいえるような気がします。

暗示は、神様からのお示しであり、神様の力を借りること。

プラスにもマイナスにも働く暗示を、毎日の生活に上手にいかすことができれば、氣の持ちようを操作して、いつでも自分の氣をよい方向に向かわせられるでしょう。

「自分はできる」「幸せになれる」という暗示をかければ、「できる」「幸せ」に意識が向かい、物事が動き始めるのです。

いまの運気をより上げていくことを、俗に開運といいますが、運は願っているだけではなかなか開けません。

運を開き、幸運を引き寄せるには、日々の生活の中で自分から働きかけることが欠かせません。自分に暗示をかけることは、自分が働きかけることのできる最も簡単な方法であり、運を開いて、自分が意図したところに到達する近道なのです。

「朝日」のエネルギーを集めて見えない世界の「門」を開ける

昇っていく太陽の光、朝日。

陰陽の世界では、上昇していく太陽のエネルギーを浴びると、「生みの力」を体内に宿すことができる、と考えています。

天照大御神《あまてらすおおみかみ》を祀《まつ》る伊勢系の神社では、鳥居が東側に配置されていますが、これはまさしく朝日のエネルギーを取り入れることを意図したもの。

神社の入り口である鳥居を、太陽が昇る方角に置くことで、生みの光、発展の光を本殿に十分に送り入れようというわけです。

「幸せホルモン」といわれるセロトニンの分泌を促す」「体内時計をリセットする」な

どといった理由から、生理学的にも朝日を浴びることはよいこととされていますよね。
こうした「体調を整える」効用はもちろんのこと、朝日には、目には見えない物事を切り開き、明るく照らし出すという力もあるのです。

太陽のエネルギーは、万物を生み、育てるエネルギーです。さらに夜明けに地平線から昇っていく朝日は、暗い闇から一気に明るい陽の世界へと世界を変える、最大のエネルギーが込められています。

ですから、この朝日のエネルギーを、自分の中に取り入れると、見えないところで新しい門が開き、望む方向へと導いてくれるのです。

私はいつも、新しいことを始める人、心機一転したいと思っている人には、とくに、この昇っていく朝の太陽光を浴びることの効用をお伝えしています。

朝日を浴びるだけでも、そのパワーを全身に浴び、心が落ち着き、晴れやかに、清々しい気力がみなぎってくることでしょう。

ここでさらに、やっていただきたいことがあります。**それが「手のひらを上に向け、親指を内側に折り曲げる」というポーズです。**

両手で、おへそあたりの高さで行います。

太陽のエネルギーを浴び、その力を体内に取り込むのであれば、手のひらを上に向けるだけで十分なはずなのに、なぜ親指を内側に折り曲げるのでしょう？

ぜひ実際に、手のひらを上に向け、親指を内側に折り曲げた手をよく見てください。

光を受けた手のひらの中に、親指が影をつくっているのがわかりますか？　これは、陰陽を象徴する太極図の陰陽魚になっているのです。

太極図は、黒と白の勾玉《まがたま》を組み合わせたような形です。上下の勾玉のような部分を、中国では魚

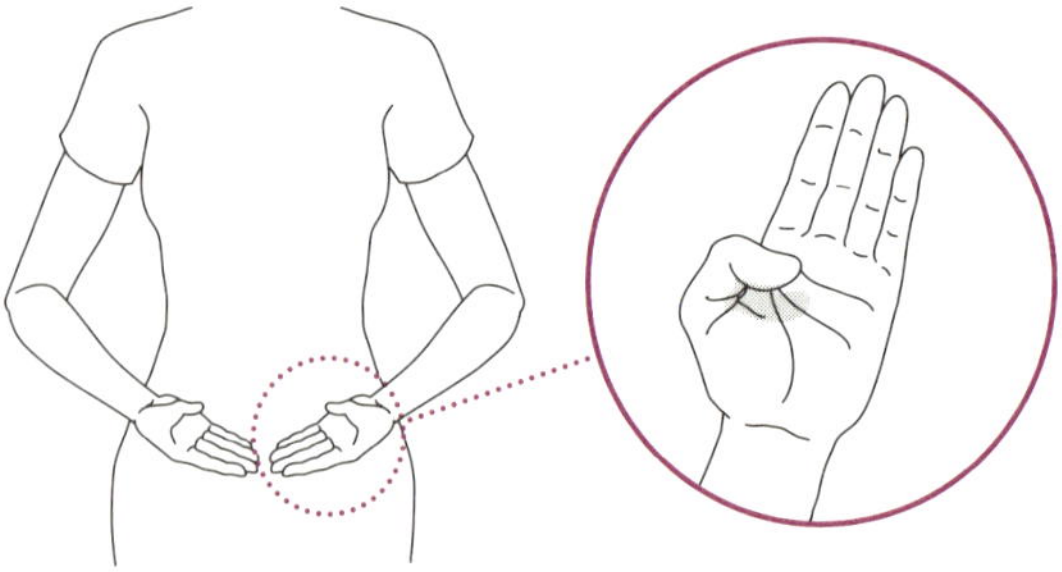

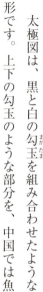

に見立て、陰陽魚と呼んでいるのです。

下の図を見ていただきたいのですが、太極図は、陰を表す黒い部分と、陽を表す白い部分に分かれていて、その二つが抱き合うようにして、一つの円を形づくっています。そして陰の部分には白い点があり、陽の部分には黒い点があります。

陰と陽という、二つの要素のみを表すのであれば、黒と白の二つの部分の組み合わせで事足りるはずなのに、なぜ、それぞれ対極にある白の点と黒の点があしらわれているのでしょうか？

実はこの点には、陰陽の世界にとても重要な、非常に深い意味があるのです。

陰を表す黒い部分にある白い点は、「どんなに陰が強くても陽の部分もある」とい

太極図

うことを示す「陰中《いんちゅう》の陽《よう》」と呼ばれます。

そして、陽を表す白い部分にある黒い点は、「どんなに陽が強くても陰の部分もある」ということを示す「陽中《ようちゅう》の陰《いん》」です。

陰陽では、これら「陰中の陽」「陽中の陰」、という考え方を非常に大事にしていて、どんな物事にも「陰」と「陽」があり、その「陰」そのものにも「陽」の要素がある。「陽」そのものにも「陰」の要素がある、と教えます。

常に一方があればもう一方があること。物事は絶対唯一ではなく、どんな物事も二面、三面と、多面的にとらえることの大切さを説いているのです。


手のひらを上に向けると太陽光で手は白くなります。

そして、親指を内側に折り曲げるとそこには黒い影ができます。

このポーズをとることにより、手には「陽中の陰」がつくられています。「陽中の陰」とは「秋」を意味し、〝豊かさの象徴〟とされています。

上昇する朝日のエネルギーを全身に受けると同時に、手の中に「陽中の陰」をつくることで、豊かさを育み、さらに発展させていたのです。

朝日は浴びるだけでも、体調を整えるという健康面での効用があります。

けれど、同じ浴びるのであれば、ほんの一手間かけて「陽中の陰」を自らの手に形づくり、「一日豊かな心で過ごせますように」、「新たなチャレンジが実を結びますように」と願いをかけていただきたいと思います。

こうするだけでただの水は「開運の水」に変わる

「言霊《ことだま》」という言葉をご存じの方も多いことでしょう。

日本では古くから、言葉には霊力が宿っていると考えられています。

とくに陰陽の世界では、プラスに働く言霊を「祝詞《のりと》」、マイナスに働く言霊を「呪《じゅ》怨《おん》」といい分けて使っていて、言霊の持つ力を非常に重要視しています。

言霊というと、呪術的なもののように聞こえるかもしれませんが、人は日常生活の中で、言霊の影響をごく自然に受けています。

たとえば、「がんばろうね」「きっとうまくいくよ」といったプラスの言葉をかけられると、それだけで気持ちが上向きになり元気がわいてきませんか？

パートナーから「愛しているよ」「いつも思っているよ」といわれると、心の中が温まり、大きなものに支えられているような安心感が生まれませんか？

言葉をかけられただけで元気になったり、安心したりするのは、その言葉に宿っている霊力が、波動となって伝わり、気持ちと体に働きかけているからです。

言葉というものは、それを発する人と、受け取る人との間で交わされるものですが、陰陽の世界では、言霊はものにも込めることができると考えています。

目には見えない言霊を目に見えるものに託し、その力を活用しようというわけです。

目に見えるもののなかで、最も言霊を込めやすいものって、何かご存じですか？

それは、私たちが毎日飲んでいる「水」です。

人の体はその六〇％が水からできているといわれ、私たちにとって水は生きていく上でなくてはならないものです。健康のため、あるいは生理的な欲求から、朝起きたときに水を飲むことを習慣にしている方は少なくないでしょう。

この「朝コップ一杯の水を飲む」という習慣に、ぜひ加えてほしいのが、「水にプラスの言葉をかける」ということです。

取材を受けたり、セミナー会場で話すと、「まさか！」「そんな非科学的な話なんて」という顔をする人も多いのですが、そんな人こそ、ぜひ体感してほしいので、その場でやってみることも多々あります。

グラスに水を注ぎます。水は、ミネラルウォーターでも水道水でもいいですが、その水の味の変化を見ます。

水の注がれたグラスを両手で包み込むようにして、「愛してるよ」、「今日もがんばるぞ」といったプラスの言葉を三回かけます。

飲んでみると、プラスの言葉をかけた水はまろやかで、甘く感じられます。

何もしないときの水と比べてみてもよくわかりますが、反対に、けなしたり、蔑《さげす》んだりするマイナスの言葉をかけた水との違いは、はっきりわかります。

これが同じ水か？　というほど、トゲトゲしく、喉の通りがよくありません。


喉の通りが悪いというのは、体がそれを拒否しているということといえるでしょう。水に溶け込んだマイナスのエネルギーに、体が本能的に反応し、喉通りを悪くすることで体内に入れないようブロックしているのです。

プラスの言霊が込められた水は、スルッと喉通りがよく、体にすんなりと浸透していきます。そして、心を潤したり、モチベーションを上げたりとプラスの方向に気持ちを引き上げてくれます。

何もしなければただの水も、プラスの言霊、つまり祝詞をかければ、心と体を変える滋養ドリンクに早変わりするのです。市販の栄養ドリンクを機械的に飲むよりも、水道水に祝詞をかけて飲んだほうが、ずっと効果があると私は思っています。

ちなみに、神社で授与しているお守りやお札に込められているのも、言霊です。修行を積んだ神職者によって祝詞というプラスの言霊を込められたものが、お守りやお札となって授与されているのです。

数字の持つ意味を知って、暗示を強化する方法がある

前項までにお伝えした、望む運命を手のひらに刻む方法、朝飲む水を開運水に変える方法、そのどちらも、それぞれ「三回唱える」ということをお伝えしました。

一回ではなく、何回か唱えたほうがより言霊がこもるような気はしますが、では、なぜ二回でもなく、四回でもなく、三回なのか。

実は、「三回」唱えることには、ある理由があるのです。

陰陽の世界では、奇数を陽の数、偶数を陰の数ととらえ、さらに一から九までの数

字一つ一つに意味があると説いています。
まずは、それぞれの数字が持つ意味についてご紹介しましょう。

一は、「始まり」を表します。すべてのスタート地点であり、物事が生じることを意味する数字です。

二は、「つながり」を表します。空間をつなぐ「戸」や助詞の「と」を意味する数でもあり、神社で柏手《かしわで》を二回打つのは、神様の扉をあけて神様と結びつくためです。

三は、「支え」を表します。「三種の神器」、「三本の矢」、「三人寄れば文殊の知恵」など、日本では古くから調和を表す縁起のよい数字とされています。二人では意見がぶつかりがちですが、三人いるとバランスがとれ意見がまとまりやすくなります。

四は、「安定」を表します。人は四角形の部屋でなければ落ち着くことができません。三角形や五角形の部屋では方向感覚が狂い、精神的にも支障をきたすといわれます。

五は、「結び」を表します。九つの数字の中央に位置する数字であり、すべての中心となります。同じ長さの五本の線から構成される五芒星《ごぼうせい》は、陰陽師が悪霊などを退散させるときに用いる図形です。

六は、「自然」を表します。六角形は四角形よりもさらに安定した形で、自然が生み出す雪の結晶や蜂の巣などは、六角形で構成されています。

七は、「人間」を表します。人間は自然（＝六）を超えた生物で、七個のチャクラを持っています。音階は七音で、人間が認識できる虹の色も七色です。

八は、「無限」を表します。裏も表も存在しないメビウスの輪を平面で表すと、算用数字の「8」になります。有限である人間界と神の世界を隔てるのが八という数字です。

九は、「神」を表します。神は無限の先にいるといわれていますが、無限の先は、無限です。物質を半分に切り分けていったその先にも神様がいるといわれていますが、ミクロの世界もまたどこまでいっても無限です。人（＝七）と神（＝九）の間には無限（＝八）が存在し、人は決して神に到達することはできません。

日々鍛錬してその「差」を縮めようとする行為を悟り（差取り）と呼ぶ由縁です。

さらに、陰陽の世界ではこれら九つの数字を次のように三つに分類します。

一、四、七が人間界を表す数字

二、五、八が結びつきを表す数字

三、六、九が神に通じる数字

つまり、三は調和のとれた支えの数字であると同時に、神に通じる数字なのです。神前の結婚式では、三三九度といって、男女が同じ酒を飲み交わしますよね。盃《さかずき》を三杯ずつ三度やりとりすることによって、夫婦がともに支え合うことを神に誓っているというわけです。

生きているものすべてを救うといわれる、弥勒菩薩《みろくぼさつ》。この「みろく」も「三と六と九」の語呂合わせになっていますよね。

このように三は非常に縁起のいい数なので、言霊を込めるときにも三回唱えるようにするのです。

ちなみに、電卓では、数字が決まった配列で並んでいます。これは、線の魔法陣と呼ばれるもので、右の列が「3、6、9」で、中央の列が「2、5、8」で、左の列が「1、4、7」となっています。

まるで、右に並んだ神に通じる数字と、左に並んだ人間界を表す数字を、結びつき

を表す数字が中央で結びつけているかのようです。

この電卓の並びというのは、非常に不思議で、下の列からぐるりと右の列、上の列、左の列を順に「123」＋「369」＋「987」＋「741」と足し算をすると、その合計は2220になります。

反対回りに、「147」＋「789」＋「963」＋「321」と足し算しても、合計が2220になります。

さらに、斜めの線で数字を結び「159」＋「951」＋「357」＋「753」と足し算しても、合計が2220になります。

また、神の数字を除いた数字からなる「142857」は特殊な数字で、2倍、3倍と掛け算をしていくと、

「142857」×2＝285714
「142857」×3＝428571
「142857」×4＝571428
「142857」×5＝714285
「142857」×6＝857142

と、**142857という数字の並びが、その順序を崩さずに巡回していきます。**

そして、「142857」に7をかけると、出てくる数字が一転し、999999と、9一色になるのです。

一方、〝始まりを表す数字〟「1」を〝人間を表す数字〟「7」で割ると、

1÷7＝0・142857142857……となります。

単なる数字の話といえばそれまでですが、陰陽における数字の意味合いを知ると、計算式までもが、神と人間の隔たりの深さを示しているように思えてなりません。

三は、神に通じる数字。だから、祝詞も三回、

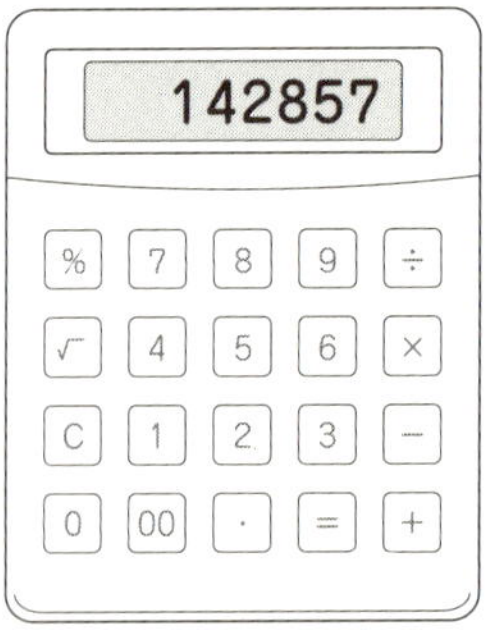

柏手も三回。

普段見慣れた数字も、その意味を知り、上手に使うと、非常に効果的な暗示になるのです。

「改札」という〝陰陽の境目〟で、一日の判断力を高める方法

毎日の習慣といえば通勤があります。

駅の改札、あなたはどのように毎朝通っていますか？

近年はタッチするだけの自動改札が一般的ですから、なんの意識もせずに通り抜けていく人がほとんどかもしれません。

しかし、陰陽の世界から見ると、改札とは、ある世界と世界の境目です。

改札は、お金を払った人しか通ることができません。陰陽の世界では、お金を払わ

ずにいられる世界を「陽」の世界、お金を払わないと入れない世界を「陰」の世界と位置づけていて、改札の中と外は、陰と陽という別々の世界なのです。

お金を持っている人は電車に乗ることができますが、お金を持っていない人は自分の足で歩いていくしかありませんよね。

一日二四時間という限られた時間の中で、お金を持っている人は、移動手段を使うことで、移動時間を短縮することができるのです。

改札の外は誰もがいられる世界（＝陽）であるのに対し、改札の中は乗車券を持った特別な人だけが入ることのできる世界（＝陰）。つながっているように見えても、空間は切り替わっているのです。

空間の境界線は、続いていたある一つの空間がそこで終わり、違う空間がそこから始まる、という、境目の場所です。

この境目こそ、空間と空間の間にある「中庸」という大事な空間です。中庸という言葉は、陰陽の世界でとても重要な言葉で、陰陽の極意は中庸にあり、といわれます。陰陽の境目であると同時に、フラットで俯瞰《ふかん》的な場所、それが中庸です。その中庸では、「どれか」を普段以上に意識することが大切です。

空間が変わるときに意識するようアドバイスするのは、**「改札を通るときは、どの改札を通るかを自分の中で決めて通る」**ということです。

たくさんある改札の中から「ここを通りたい」と、ピンときた改札を決め、そこを通ります。

人の波に押し流されるようにして、そのときの人の流れに任せて改札を通るという人が大半かもしれません。

とくに都心でのラッシュ時の人の流れは尋常ではありません。でも、そんなときこそ、自分の運気を強くしていくための暗示を、あらゆるところでかけていくのです。

一事が万事。自分が意図した道を自分で切り開こうとするなら、自分の一挙一動が、すべて、運気の流れを決めるのだと思っていなくてはいけません。

実際、ある知人は、改札だけではなく、ランチメニューも同様に「決めて選ぶ」を意識して一週間実践したそうです。仕事の場面で、決定のスピードが速くなり、精度も抜群に上がった、とその効果に驚いていました。この習慣を続けて、年収が一・五倍になった自営業の知人もいます。

「改札口すら選べなくて、何が人生だ」という気持ちで、改めて自分の朝の動きを見返してみると、あらゆるところに運気を上向きにするきっかけが潜んでいることに気づくことでしょう。

空間の境目「中庸」で意識すべきこと

朝の小さな行動一つが人生を決めていく、といいました。

もしかすると、「たかが改札ごときで大げさな」と思われた方もいらっしゃるかもしれませんね。ここで、陰陽の世界で考えられている「人生」(=人としての生き方)について、お話ししましょう。

陰陽の世界では、人はそれぞれ、自分自身を極める「道」を歩んでいると考えています。

「道」とは、一つの物事を通して、人としての「あり方」、行動する上での考え方を学び、精神修練を行うこと。

日本には茶道・華道、剣道・弓道など、さまざまな「道」がありますが、人にはそれぞれに歩むべき「道」があるというわけです。

私たちは、生まれたときに一人一人固有の名前をつけられますが、与えられたその自分の名前の「道」を、人はそれぞれ修行しているのです。

私の場合は「幸輝道」、太郎さんであれば「太郎道」、花子さんであれば「花子道」というように、皆それぞれに自分の「道」を極めるために日々修行をしているのです。

図をご覧ください。**「道」という字は、「首」の部分が、笠をかぶった自分の姿を表しています。**

しんにょうの点は「天命」を表し、その天命に向かって、山あり谷ありのくねくね道を歩むことを表しています。天命とは、いい換えれば生まれ

てきた意味。命の意味、目的です。

「道」は、「天命に向かって険しい道を進んでいく自分自身」。そして、人生や人としての「あり方」という意味を持つ言葉なのです。

人生は、この世に命を受けたその瞬間から始まりますが、私は「命」という言葉について次のように教わりました。

人は、生まれたときに命を宿し（＝宿命）、日々を生きることで命をその目的へ向けて運び（＝運命）、「これに命を使うぞ」ということを必死にまっとうする中で（＝使命）、天が自分に与えた命（＝天命）に向かう。


現在の自分というのは、宿命という不変の前提を背負いながらも、自らが経験し、選択することで動かし運んできた命の姿です。

人生の意味を知り、天命に向かうために命を使うようになると運命は使命となります。そして「自分は何をすべきか」という天命を理解し、使命を果たす努力をすると、必要となる出会いや出来事、さらにはお金までもが、導かれるように集まってくるのです。

宿命を変えることはできませんが、運命は、自分の力で運ぶことができるもの、つまりコントロールすることができるものです。未来の自分をいまとは違う姿に変えたいのであれば、そうなるように命を運んでいけばいいのです。

ただし、望む方向へと命を運ぶためには、常に意識して、望む方向へと舵《かじ》を切り続けなければなりません。

舵を切るとは、選択するということ。人生は選択の連続です。ここぞというときに、自分自身で迷いなく選択できる力を養っておくことが、運命を切り開く秘訣《ひけつ》です。

「どの改札口を通るか」をはじめとして、いま、自分は何を選ぶのか。それをその都度意識することは、まさしく「選ぶ」ことの訓練になります。「選ぶ」ことを繰り返すことでその力が育まれていくのです。

しかも、改札口とは境界そのもの。空間が切り変わる場所で、しっかり自分の体で選択する訓練を積み、それが身についている人は、人生を左右するような大きな物事に直面したときにも、自信を持って自分で決断できるようになるのです。

息を吐きながら、新しい空間への一歩を始めなさい

人は「オギャー」と息を吐きながら生まれ、呼吸して生をつなぎ、最後に息を引き取って、その命を閉じます。

陰陽の世界では、空間が変わる瞬間をも「物事の終わりと始まり」としてとらえ、移動する際には、空間が変わることを意識するだけでなく、**呼吸の仕方**にも注意を払います。

たとえば、家の玄関を開けるときは、家の中から外へと空間が変わる瞬間です。私は、息を吸ってからドアを開け、家の外へと足を踏み出す瞬間には、息を大きく吐いています。

建物の中と外とで空間が変わるのはわかりやすいですが、同じ建物の中であっても、壁や扉などで区切られた部屋と部屋、部屋と通路でも、それぞれ別の空間と考えます。

とくに私がよくアドバイスするのは、**ビジネスパーソンは、オフィスに入る瞬間が大切ですよ**、ということです。その日一日の、仕事の運気を決める大事な瞬間といえると思います。

会社に通勤している方にとって、オフィスに入る瞬間というのは、一日の仕事が始まる大切な瞬間です。

この、一日の仕事始めの瞬間に意識していただきたいのが、「おはようございます」とはっきりと大きな声でいって、オフィスに入る」ということです。

大きな声を出すことは、すなわち息を勢いよく吐き出すことです。

息を大きく吐き出すためには、オフィスのドアを開ける前に一度立ち止まり、大きく息を吸う必要がありますよね。

オフィスに入る直前に息を吸い、オフィスに入る瞬間に息を吐き出せば、体も心もプライベートタイムからビジネスタイムへと切り替わります。

深呼吸をすると、血行がよくなり、気持ちが落ち着くといわれていますが、オフィスに入るタイミングで「大きく息を吸って吐く」ことを行えば、深呼吸効果で、たとえ気持ちが沈んでいたとしても、体の中の空気が入れ替わり、上向きに変わることでしょう。

個人でお仕事をしている人、在宅ワークの方であれば、椅子に腰を下ろす瞬間や、パソコンを立ち上げるボタンを押す瞬間は、大きく息を吐く、という習慣をつけるといいでしょう。

普段の「おはよう」も、開運の暗示に変えられる

「おはよう」という言葉は、「お早く起きて、健康でよろしいですね」「お早くから、ご苦労さまです」といった、相手を祝福したり、ねぎらったりする言葉が略されたものといわれています。

あいさつですから、自分から元気よくいうのがいいのはもちろんですが、陰陽の世界の教えを基にすると、「お早く」が転じた言葉だけに、「おはよう」の「早」を体現するのがいいといえます。

「早く」起き、「早く」出勤し、後から出勤してきた人に対し、誰よりも早く「おはようございます」と自ら声をかけます。

さらに次のことをポイントにしてください。それは、

「勢いよく、高い声でいう」

ことです。

スピード感のあるあいさつは、フットワークの軽さや手際のよさをイメージさせ、高めの声は、快活でいきいきとした印象を相手に与えます。

あいさつは何気なく交わされるものとはいえ、相手はその短い一言から伝わってくるものを敏感に感じ取り、それによって、あいさつをしてきたその人の人物像を形づくっていきます。

毎日耳にするあいさつによって、「この人ならこの仕事を任せてもきっと大丈夫だろう」という安心感や信頼感までもが育まれていくこともあるのです。

さらに、あいさつは、人に対しての行為ですが、言葉というのは必ずそれを発した本人の耳にも響いてくるものです。

自分が発した言葉に最も影響を受けるのは、ほかでもない自分。言葉に含まれたニュアンスをつぶさに感じているのも自分なのです。

か細い低めのトーン、のろのろとした歯切れの悪いテンポで「おはようございます……」というのでは、誰の耳にも届くことなく、自分の気持ちをしぼませてしまうだけです。

元気よく高めのトーンと速めのテンポで、明るく「おはようございます！」といえば、それは自分の気持ちに勢いをつけ、それが仕事をテキパキとこなしていく原動力に変わります。

高いポジションについている人なら、相手があいさつをするのを受けて、落ち着きのある低い声でゆったりとしたテンポで「おはよう」といっても問題はありません。

しかし、この先、できれば出世したいとか、今目の前の仕事をうまく運ばせたい、と思っている人は、上昇の勢いに拍車をかけるようなつもりで、元気よく高めの声でテンポのいい「おはようございます！」といいましょう。

毎朝、何度となく口にする「おはようございます」。

毎朝、必ず繰り返しいう言葉だからこそ、自分自身を励まし、自分自身の未来を切り開いていく暗示となるのです。

◎目標をイメージしながら、利き手の運命線を際立たせる

◎手のひらに朝日のエネルギーを集める

◎プラスの言霊のこもった水をゆっくり飲む

◎改札口では流れに身を任せず「ピンときた」改札を選んで通る

◎扉を開いたら、息を吐きながら「一歩」を始める

◎「おはよう」を、テンポよく、勢いよくいう

Chapter 2

運気を変える昼の暗示

朝、心を整え、運気を上げた状態で一日をスタートできたら、昼は一気に加速させ、夢に向かって前進する時間。

「夢は夜に見て、昼にかなえるもの」

これは個人鑑定やセミナーのときに、私がよくお伝えしている言葉です。

陰陽でいえば、夜は陰で昼は陽。

陰の時間は、思考を巡らせたり体を休ませたりする時間であり、陽の時間は、陰の時間に蓄えたエネルギーを稼働させ、頭で思考したことを実際に行動に移す時間です。

「将来こうなりたい」「こんな自分でありたい」という目標や理想、いわゆる「夢」は、頭の中に思い描いているだけでは形になりません。

太陽の光が届く陽の時間に、意識的に行動することによって、夢は現実のものへと近づいていくのです。

忙しい日中を快適に過ごし、仕事も人間関係もうまくいく秘訣《ひけつ》を、この章ではお伝えします。

相手の右目を見るか、左目か、話す内容で私が変える理由

陽の時間である昼間は、人と接する機会が最も多い時間帯でもあります。

人と接するとき、心がけていることはありますか？

私は仕事柄、多くの方々と日々お会いし、個人鑑定やセミナーでお話しします。普段から意識するのは、相手の目を見て話す、ということです。

相手の目を見て話すことによって、伝えたい思いの真剣度も伝わりますし、相手の目を見て話を聞くと、いわんとしていることの意味をより正確に受け取ることができます。

目は口ほどにものをいう、は本当で、目の前の人がいわないけれども思っていることは、正確にわかります。これはなにも私だけではないでしょう。それだけ、目は多くを物語っているのです。

「相手の目を見る」ことは、「しっかり伝えよう」「漏らさず聞こう」という姿勢を整えること。いわば、よいコミュニケーションを図るための自分への一つの暗示といえるでしょう。

「相手の目を見る」というだけでも効果はありますが、私がよくお伝えするのは、その暗示の効力を高めるための、プラスアルファの技。

それは、話す内容によって、相手の右目を見るか左目を見るかを変える、ということです。

商談やプレゼンテーションのときに、「相手の目を見ながら話す」ということを意識している方は多くても、「右と左、どちらの目を見るか」については気に留めている方は少ないのではないでしょうか？

「仕事の話は、相手の右目？　左目？　どちらを見て話すといいか」

正解は、「右目」です。

人の脳は左右に分かれていて、一般的に、理論的な事柄について考えるときは左脳の活動が活発になり、絵を見たり音楽を聴くなど感覚的な体験をしているときには右脳の活動が活発になるといわれています。

また、右目から入ってきた光は視神経を通り左脳に、左目から入ってきた光は視神経を通り右脳に到達するといわれています。

私が幼いときから読み解いてきた『古事記』にもおもしろい記述があります。神様（伊邪那岐命《いざなぎのみこと》）が左目をこすると慈愛に満ちた天照大御神《あまてらすおおみかみ》が、右目をこすると計算に優れた月読命《つきよみのみこと》が、鼻をこすると地球を治める須佐之男命《すさのおのみこと》がそれぞれ生まれたとあります。

脳科学で脳のしくみが解明されるはるか昔から、左目は感覚的なものにつながり、右目は理性や解釈など理論的なものにつながるという意識があったのでしょうか。

真偽のほどはわかりませんが、陰陽の世界でこの話を読み解けば、同じ相手であっても、話す内容、伝えたい内容に合わせて、「右目に訴えるか」「左目に訴えるか」を変えるといい、という一つの暗示になります。

商談など理論的な話をするときには、相手にその内容をしっかりと理解してもらいたいから、相手の左脳に働きかけるように、右目を見て話す。

一方で、「愛してるよ」「きれいだね」など、愛を告白したり、甘い言葉をささやくときは、相手の左目を見ながら語り、右脳に働きかけるのが効果的です。

ロマンチックな場面だけでなく、商談の最中でも、新商品や新規プロジェクトなど、何か、絵や構造をイメージしてもらいたいときには、相手の右目から左目へと視線を切り替えるとよいでしょう。

仕事場には小さな「鉢植え」を、食卓には「切り花」を置きなさい

昔は、出世し、のぼりつめよう、社長を目指そう、という意識の社会人は多く、いかに出世するかが多くの人の関心事だったように思います。

でも、いまの若い人には、どうやらその意識はあまりないようです。自分らしく働きたい、プライベートも仕事と同じくらい充実させたい、そもそも、組織で働くことよりも、自分らしさを活かしてフリーで働きたい、そんな人も増えているようです。

以前は、出世したい人にアドバイスしていたことですが、何か物事を始めて、それを形にしたい、と思ったとき、それがうまくいくおまじないのような「暗示」があります。

それは「仕事場のデスクに小さな鉢植えを置く」ということです。

オフィスでも自分の部屋でもいいのですが、仕事場というのは機能を追求した場であり、その意味では無機質な空間といえます。そこに生きている植物を身近に置くことは、無機質な空間に、有機物を置くことになります。

疲れているときはエネルギーをもらうことができますし、アドレナリンが多めになったらそれを鎮めてくれます。

癒しや気分転換だけが目的であれば、切り花でも十分ですが、その会社で腰を据えて仕事をしようというのであれば、切り花ではなく、ぜひ鉢植えにしてください。

なぜ、鉢植えなのかというと、切り花と違い、鉢植えには根がついているからです。

病人を見舞う場合には鉢植えは忌み嫌われますよね。根のついた植物は、「寝つく」こと、つまりそこに長くいることを連想させ、縁起が悪いから、お見舞いには根のついていない切り花を持っていきます。

その逆で、根がついた鉢植えをデスクに置くことで、自分もそのデスク、その会社、仕事に根を下ろして、一生懸命取り組めるようになるわけです。

鉢植えは、仕事の邪魔にならないようにサイズは小さめのものがいいでしょう。こまめに面倒を見たくなるような、かわいいものを選ぶこともポイントです。一〇〇円ショップなどでも小さな鉢植えが売っているようですね。

自分が大切に思うもの、毎日お世話をしているものがデスクにあると、自然と意識がデスク、すなわち仕事に向きます。

運気が巡るのは、意識があるところです。何事も、人の意識がフォーカスされているところに、エネルギーが宿るからです。

私の知り合いのエリートビジネスマンは、その鉢植えにこっそり名前をつけていました。名前をつけるといっそう愛着がわきますよね。

デスクに置いたその鉢植えは、「腰を据えてがんばろう」という目には見えない意志を具現化したもの。毎朝、毎夕、自分の意志を温め育むような気持ちで、その鉢植えに声をかけることは、仕事運を強くすることにつながります。

一方、主婦の方であれば、食卓に一輪でもいいので切り花を置きます。仕事では、切れやすい場所に根づくために「鉢植え」ですが、切れにくいがゆえになあなあになりやすい家の中では、いつも新鮮な「切り花」を飾るのがいいのです。

ゼロから一を生む「建前」こそ大事にしなさい

陰があれば陽があるように、右があれば左があり、上があれば下があり、そして前があれば後ろがある、というのが陰陽の考え方です。

表向きの態度や発言と本心が違うことを、「本音と建前」といい、本音と建前を使い分けることに対し、否定的な見方もあるようですが、陰陽の世界では、この言葉のとらえ方は少し違います。

「建前」すなわち「建つ前」があれば、当然「建後」、「建つ後」があります。

建前があるからこそ、「建つ後」がある。と考えるのです。

たとえば、上司から「これをやっておいて」と仕事を任された場合を考えましょう。

「自分には荷が重すぎる」「無理かもしれない」というのが本音なら、建前は「はい、わかりました」「任せてください」ということになります。

でも、成果を上げたい、この仕事で身を立てていきたい、というのであれば、「建前で話す」ことを大事にしてほしいのです。


なぜなら、今日の建前は、未来の本音になるからです。


実際に、本音で「できそうもない」仕事を、「わかりました」と建前で引き受けると、いったいどういうことが起きるでしょう？　経験ある方も多いのではないでしょうか。

「自分には無理」と思われることをやらなければならないわけですから、困り果て、途方に暮れてしまいますよね。

でも、引き受けたからには、やるしかありません。

ある程度の形にしなければ、上司の信用をすっかり失ってしまうわけですから、まさに「背水の陣」の状態。遊びの誘いも断り、寝る間も惜しんで一生懸命がんばるはずです。

そして、必死になって仕事に取り組んだ結果として、それ以前の「できなかった自分」はどうなるでしょう？

満足のいく出来栄えではなかったとしても、少なくとも「できなかった自分」から「やろうとした自分」、「やった自分」へと進歩していることは確実です。場合によっては「できた自分」「これからは自信を持ってできるといえる自分」にステップアップしているかもしれませんね。


建築用語で「建前」といえば、上棟式のことを指します。

棟上げがあってはじめて、竣工《しゅんこう》は存在します。**「建前」があるからこそ、「建後」が生まれるのです。**

同じように、本音では「できない」にもかかわらず、建前として「任せてください」と引き受けることは、建後に向かっての出発点になるのです。

建前をいうことで、一生懸命努力してがんばり、与えられた仕事を「成し遂げた」という建後の現象が現れます。つまり、「建前」こそが、あなたの未来を創《つく》り出していくのです。

陰陽では、「建前」を「ゼロから一になる空間」とみなしています。

「建前」がなければ「建後」もありません。

「建前」があるから「建後」があるのです。

「建前」は、何もないところから何かを生み出すために必要なもの、無から有を生むために必要なものなのです。

最初は「本音」とは別のところにあった「できます」という「建前」も、努力することによって、正真正銘の「本音」、つまり、本来あるべきあなたの「音色」に変わるのです。

お世辞には必ず「ありがとう」と返す

控え目で、つつましいことを「謙虚」といいます。

日本では、「謙虚」を美徳と考え、謙虚な姿勢や謙虚な振る舞いは、肯定的に評価されます。

しかし、陰陽学の視点から考えると、ときとして謙虚は毒になることがあります。

たとえば、仕事や家事に打ち込んでいる時に、人から「がんばっているね」と言葉をかけられたとしたら、あなたはどう返しますか？

一生懸命やってはいるものの、まだ成果が出ていない状態で、自分としては「もっとがんばらなければいけない」と感じていたら、「いや、そんなことありません」と答えてしまうのではないでしょうか？

また、「我ながらがんばっている」と内心思っていた場合でも、控え目に、つつましく「まだまだがんばりが足りません」と返事をするのではないでしょうか？

こうした謙虚な受け答えをすると、周囲の人はきっとあなたに対し「自分に厳しく謙虚な人」という好意的な印象を持つでしょう。

一方、相手が謙虚と評価してくれるその言葉は、あなた自身の魂にも響きます。

魂というのは、その場の状況など考慮することなく、言葉をそのままの意味でとらえます。つまり、半ば謙遜していった言葉であっても、その意味どおりに「がんばっ

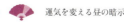

てなどいない」「まだがんばりが足りない」と魂には伝わるのです。

言霊《ことだま》というように、言葉には力があります。

繰り返し耳に入ってくる言葉は、強力な暗示になります。

がんばっていることに対し、「がんばっていない」と暗示をかけてしまっては、がんばっている自分をがんばっていない状態にとどめ続けることになりかねません。

自分が発した言霊ひとつで、がんばっても、がんばっても、がんばりが実を結ばない状態に、自分をとどめてしまうのです。

人が自分を評価してくれたときには、たとえお世辞だと感じても、決してその言葉を否定してはいけません。

相手への返答は、同時に、自分の魂に届く暗示である。このことを心に留め、どんなにお世辞に聞こえることでも、自分に自信がないときでも、「ありがとうございます」「そういっていただいてうれしいです」と返すことを徹底します。

「ありがとうございます」といえば、がんばっていることを誇示することにもなりませんし、がんばっていることを否定することにもなりません。

褒められて、照れくさい場合は、「そんなことをいわれると照れ臭い」「恥ずかしい」と素直にいい、その後に、「でもうれしい」「ありがとう」とつなげればいいのです。

「自信」という字は、「自」と「人」と「言」という文字からできています。

自分のことについて、人が何かよいことをいってくれると、それが自信になるというわけです。

実際に人からどんな評価をされているかというよりも、**人から発信されたどんな小さなことも、自分の成長のために変換できる**ということが、何より大切なのです。

物事を肯定的に受け止めることによって、自分を信じる力に変換していく人は、どんな流れの中にあっても自分を見失わず、必ず運気を好転させていきます。

なぜ、気持ちを切り替えるにはコーヒーでなく日本茶なのか

人生は山あり谷ありとよくいいますね。

いいことばかりではなく、悪いこともふりかかってくる。

でも、陰陽の世界から正しくいうと、いいことや悪いことがあるわけではなくて、「どんな物事にも、いい面と悪い面がある」ということです。

その点では、人生山あり谷あり、という言葉よりも、「人生はあざなえる縄のごとし」という言葉のほうがしっくりきます。

いいことと思えたことが、状況が変わるといいことではなくなったり、悪縁と思っていたが、それがのちのち非常に良縁だったと気づいた、などということは多いものです。奈落の底に落とされたようなつらい出来事も、自分に大切な何かを教えてくれるために起きたことと、後になって気づいたり……。

陰陽の世界では、いい運気や悪い運気というものはなく、どんな物事にも、いいところとよくないところの両面がある。だから、自分の身に起こる出来事にはすべて意味がある。そう説いています。

とはいえ、いやなことがあれば落ち込みますし、つらいことがあれば打ちひしがれるのが人というもの。その場で「これはきっといいことだ」と思うのはなかなか難しいものですよね。

落ち込んだときや、打ちひしがれたときに、気持ちを切り替えて仕切り直しをしたい。心の応急処置をして、また再チャレンジしたい。そんなときに、どうすればいいのか。よくアドバイスを求められる場面です。

一瞬一瞬の運気を上向きにするには、それぞれの場面で、一度フラットで俯瞰的な場所、つまり「中庸」に自分の心をおき、陽気へのきっかけをつくることが必要です。

気分転換に場所を変えてお茶を飲んで一息つく人は多いと思いますが、とくに精神的な落ち込みが激しい、という人には、私はよくこんなことを話します。

それは、「コーヒーではなく温かい日本茶をゆっくり飲む」ということ。

ゆっくり口にふくみながら、「大丈夫、大丈夫、大丈夫」と、三回唱えます。

いまやコンビニでおいしいコーヒーが安価で手に入る時代、日本茶よりもコーヒーのほうをよく飲んでいるという方も多いかもしれません。

でも、日本でコーヒーが一般的に飲まれるようになったのは戦後のこと。古くから日本茶を飲んで、精神を安定させてきた日本人の遺伝子には、その記憶が刻まれています。だからこそ、心の深い部分で癒しが必要なときには、日本茶なのです。

コーヒーは低いテンションを、徐々に上げるもの。いわば「静」から「動」へと移行させるものです。

一方、日本茶は、本来のあるべき精神へとグッと立ち返らせるもの。いわば「静」からさらなる「静」へと移行させるものといえるでしょう。

ある営業職の女性がこんな話をしてくれました。

彼女はある日、仕事でミスをし、朝から落ち込んでいたそうです。落ち込むと、まさかというようなミスを連発し、たびたび上司から指摘を受けました。出先に向かう途中には、大事にしていたお気に入りの傘を電車に置き忘れてしまい、ランチに立ち寄ると、現金が足りずにお店の人に頭を下げてコンビニに走る羽目に。

まるで、悪いことのスパイラルにいるような気持ちでした。

これから会うのは営業中の一度目のお客さま。なんとか、この悪い流れを断ち切って、運気を上向きにしなければ……。そのとき女性は、私がお伝えした、この日本茶の話を思い出してくれました。

喫茶店で、日本茶が注がれたカップを、両手で包み込むようにすると、その温かさがじんわりと体に伝わり、心にまで届きます。

さわやかな苦味を一口味わってから、ゆっくりと「大丈夫、大丈夫、大丈夫」と三回唱えました。さらに一口、もう一口、とするうちに、気持ちに変化が表れました。

それまで「悪運スパイラルだ」と思っていた「一つのかたまり」が、一つ一つほどけて見えてきました。

「仕事でミスしたのは、確認不足が原因だった。確認を念入りにすれば防げる」

「連発したミスは、叱られたショックできちんと資料を読み込んでいなかったせいだ。いつものようにできていれば、問題なくできたものだ」

「大切な傘をなくしたのはショックだが、またすてきな傘に出会えるはずだ」

「ランチのときに、あせって恥ずかしい思いをしたが、結果的に何も問題は起きていない。余計に少し歩いただけ。それより、いい店員さんでよかったじゃないか」

「悪運スパイラル」という「かたまり」と見えていた「悪運」は、一つ一つ見えてくると、ただ単にいくつかのことが同時に起きただけ、と思えました。

別に「悪運」ではない。いつもどおりだ。

そう自分で思い直すことができて、「これまでのことは、これまでのこと。次のアポイントは、これまでの続き、じゃない。大丈夫、きっとうまくいく」と素直に思えたそうです。

冷静に物事を拾い上げ、一つ一つを俯瞰的に見られる「中庸」に戻ることができると、「いま自分は悪運の中にいる」ととらえなくなり、自分が無意識のうちにかけていた「悪運スパイラル」という「暗示」を外すことができたのです。

自分の身に起こった出来事をただ悲観的にとらえると、それは自分にマイナスの暗示をかけてしまうこともあります。

心を「中庸」におき、精神に深く届く日本茶を味わうことは、喉を潤してくれるだけでなく日本人にとって本当の意味で心を持ち直す、「気づき」を与えてくれるのです。

八方ふさがりを解く「印組」、怒りを解き放つ「印組」がある

陰陽師の世界では、指や手を使い特定の動作をすることを印組《いんぐみ》といいます。印を組むことで、目に見えないエネルギーを集約させ、そのエネルギーを用いて、目に見える現象に直接働きかけるのです。

「九字切り《くじぎ》」といって、邪鬼を払い、災難を除くための印組がありますが、こうした陰陽師に伝わる本格的な印組は、修行を積んだ人間でなければ、正しく使うことができません。

一方、修行を積まなくても、誰もが簡単に取り入れることができる印組もあります。

たとえば、子どもが汚いものを触ったりしたときに行う「エンガチョ」は、民間に広まった印組の一つです

「エンガチョ」とは、「縁を切る」といった意味合いです。

人差し指に中指を絡ませクロスさせる、あるいは親指と人差し指を使って円をつくり、それを誰かに手刀で切ってもらうなど、地域差があるようですが、なんらかの印を組むと同時に「エンガチョ」と唱えると、不浄なものとの縁が切れ、感染などの害を防ぐことができるというわけです。

「エンガチョ」は子どもの遊びの中に溶け込んだ印組ですが、ここでは大人のための日常生活で使える印組をご紹介します。

一つは、「かたくなからの解放」のための印組です。

アイデアが出ない。行き詰まってしまっているとき、八方ふさがりに感じるとき、頭の切り替えができないとき、この印組を行うと、淀《よど》んでいたエネルギーが動き出して、それまでと違った展開を導くことができます。

① 両手の人差し指と親指、それぞれの指先をぎゅっとつなぎ、輪をつくります。

② 左手の輪の中に、右手の輪のつなぎめを入れます。

③ そして、右手でつくった輪で、左手の人差し指と親指の間を切るイメージで、パーンとそのつなぎ目を一気に解くのです。

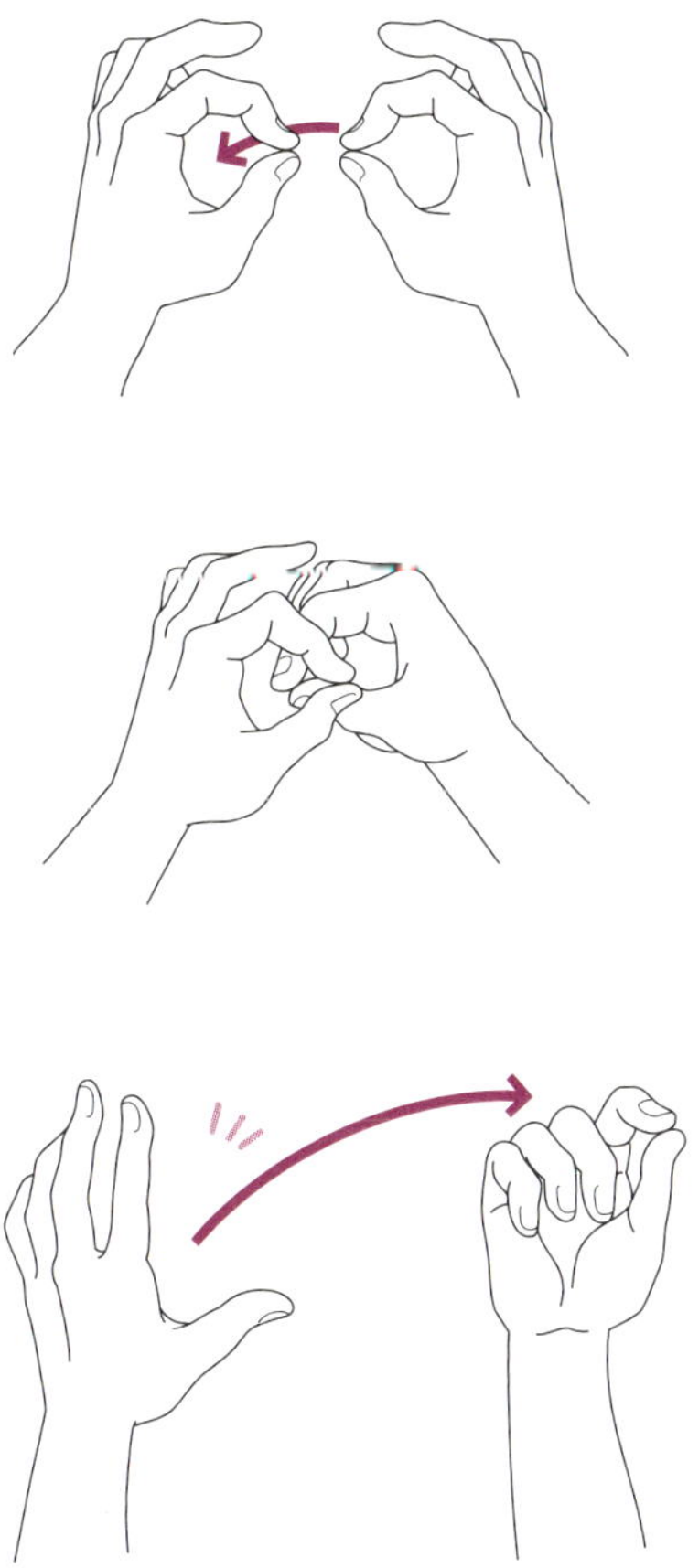

一方、イライラしてどうしようもないとき、誰かの一言に怒りがわいて、それをぶつけることができないとき、コントロールできない怒りに翻弄されそうなとき、覚えておくと便利なのが、怒りを解放するための印組です。

強い怒りを持ったり、激しくイライラしたりなど、陰気が強くなると、気持ちが収縮し硬くなります。気持ちに連動して、体までも、身を縮めるように収縮して硬くなります。体全体を使ったこの印組は、それを解消します。

① まず両手をぐっと握り肘を折り曲げ、背中を丸めて身を縮めます。

② 身を縮めた状態で、体にぐっと力を溜《た》め込みます。このとき、「くそ～」とか、腹立たしい思いや怒りを胸の中で唱えてもいいでしょう。

③ そして、上を見上げると同時に、一気に腕を上げて手を広げ、背筋を伸ばします。溜め込んだ怒りを空へ解き放つイメージです。

縮めた体を一気に広げると、その動きに連動して、アルマジロのように収縮した陰気が解放されます。体の血の巡りがよくなり、放出された陰気に変わって、陽気が入り込んできます。

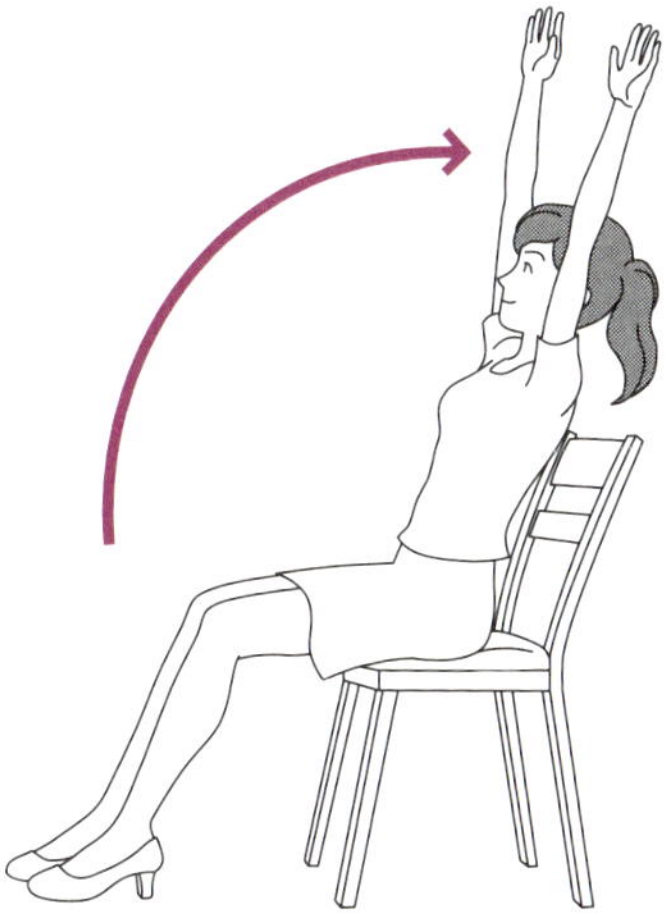

ちなみに、昨年話題になった、ラグビーの五郎丸選手のポーズも、一種の印組といえるでしょう。

集中力を高め、キックの精度を上げるのが、あのポーズの意図であり目的です。ご本人は「ルーチン」と横文字で表現していますが、日本語に訳すなら、キックを決めるための動作を伴った「願掛け」や「おまじない」、つまり「印組」だと思います。

自分の気持ちを好転させるために個人的に行うのであれば、五郎丸選手のように自分なりの「印組」をつくるのも一つの方法といえるでしょう。

ついやりがちだが、やってはいけない「運気を下げる印組」

また、見慣れたものではあるけれど、あまりやらないほうがいい印組もあります。

それは、「腕組み」です。

陰陽師は、術をかけるときに腕組みをして、相手から見えないように着物の中で手指で行う術を使ったといいます。

相手の目をくらませて術をかけることはないまでも、腕を組むと、実物以上に、威厳があり強そうに見えますよね。

父親が子どもに対して大事なことを教えるときや、上司が部下に対して重要なことを伝えるときなどは、「よく聞くように」という意味で、腕組みをすることはあるかもしれませんが、自分より年齢的にも立場的にも目上の人に対して、腕を組むのは厳禁ですし、後輩や部下に対しても、腕組みはやめたほうがいいでしょう。

そういう場面で腕組みをしては、「私は聴く耳を持っていない」と、自分からアピールしているようなもの。相手が上であろうと下であろうと、誰からも学ぶ姿勢を持っていたいものです。

その貴重な学びの機会を失い、運気を大きく下げてしまうのが、腕組みという印組なのです。

陽転してはいけない、「陽点思考」で物事を考えなさい

陰があるからこそ陽があり、陽があるからこそ陰がある。

陰と陽という、性質のまったく異なるものが、互いにバランスをとり、調和することで、万物が成り立っている。

これが陰陽の基本的な教えです。

「人生いいこともあれば悪いこともある」といいますが、陰陽では、同じ一つの物事についても必ず陰の側面と陽の側面があると考えます。

たとえば、仕事でミスをして上司に叱られた場合。

叱られたことは決していいことではありませんが、上司が叱ったということは、裏を返せば「期待している」ということでもあります。

「できるだろう」と任せたのに、ミスという期待はずれの結果が出てしまった。その

ことに対し、上司は「どうしてミスをしたんだ」と叱っているのです。

もしくは、上司は新たな仕事を覚えさせるために、ミスを見込んだ上であえて任せ、ダメ出しをする。もう一度挑戦させることで、その仕事をしっかり身につけてもらおうと考えたのかもしれません。

もしも、はなから期待していなければ、「やっぱりこの程度か」「やり直しをさせても、きっと無駄だろう」と思うはず。「思ったとおりだ」とあっさり切り捨て、叱ることはないでしょう。

仕事でミスをして叱られたときは、誰でも落ち込みますが、沈んでいても何も始まりません。気持ちを中庸に戻し、そこからもうひとがんばりしなければなりません。

そんなとき、私がいつもお伝えしているのは、**「期待されている」ということにのみに焦点を当てて、「叱られた」という事実を忘れてしまってはいけない**、ということです。

マイナスのことをプラスに転換する「陽転思考」という言葉がありますが、陰陽学では、「陰」をすべて「陽」に転じてしまうことを、いいこととは考えません。

なぜなら、「叱られる」ようなミスを犯したことは事実だからです。

確かに「叱られる」という現象の中には「期待されている」という陽の要素も含まれています。しかし、だからといって、ミスをしたという陰の要素がすべて反転して陽に変わってしまうわけではありません。

叱られたという事実を棚に上げ、期待されていることだけをとらえて喜んでいるのでは、単なる能天気な人、おめでたい人で終わってしまいます。

陰陽ではこのような場合、「陽点思考」をするよう説いています。

「陽点思考」というのは、「陰」の中にも「陽」的な要素が潜んでいるという考え方です。四五ページにある太極図の、黒地に白い点がある陰陽魚を思い浮かべていただけるといいでしょう。

ほとんどの部分が黒く、マイナスの見方しかできないけれど、ポツンと白い点があり、ある一点だけプラスに考えることができる。

これが「陽点思考」です。

「陽点思考」が「陽転思考」と違うのは、起きていることが陰であるとしっかり受け止めている点です。

落ち込んでいては前に進めませんが、だからといって陰を陽にすっかり反転させてしまっては、陰を忘れ、陰を放置してしまうことになりかねません。

「陽点思考」で陽の部分を見つけることで心を中庸に戻し、目の前にある改善すべきところに真摯《しんし》に取り組んでいく。その考え方が人を成長させるのです。

スケジュール帳の持つ「あたりまえにかなえる力」を使って、現実を変える

日々の予定や計画を書いているスケジュール帳を、あなたはどのように使っていますか?

多機能なスケジュール帳が年々増え、今年はどの手帳を使おうかと毎年楽しみにしている方、あるいは、使い慣れた手帳を長年愛用している方も多いでしょう。

今年はこんな一年にしたい。こんな目標をかなえたい。

そんなまっさらな新しい気持ちで真新しい手帳を開くとき、まっさきにやっていただきたいことがあります。

それは、**「スケジュール帳を、予言書にする」**ということです。

カレンダーとメモ帳の機能が一体化したスケジュール帳は、主に、これから先の予定を書き記すためのものです。

たとえば、来週の土曜日の欄に「銀座でショッピング」とプライベートの用事を書いたり、次の月の第一月曜日の欄に「14時から会議」と仕事の予定を書いたりするわけですが、スケジュール帳に書くと、書いたことは、ほぼ実現しますよね。

「予定を実行するのはあたりまえ」「スケジュール帳に書くのは実行するためでしょう?」といわれそうですが、「スケジュール帳に書き記す」と、書き記したことが「ほぼ実現する」って、すごいことだと思いませんか?

もしも予定を書かなければ、忙しさにかまけてうっかり忘れてしまったり、別な用事を入れてしまったりするかもしれませんよね。

予定をしっかりスケジュール帳に書くからこそ、その予定を常に意識し、その予定に合わせて、さまざまな調整をし、準備を整えるのです。だからこそ、スケジュール帳に書き込まれた予定は、現実のものとなるのです。

スケジュール帳の持つ、この「あたりまえに実現していく力」を使って、自分の夢

や願いをかなえるのが、「スケジュール帳を予言書にする」ということです。

夢は口に出していったり、紙に書いたりしたほうが実現しやすいといわれますが、スケジュール帳に書き記せば、いっそう実現しやすくなります。なぜなら、スケジュール帳は三六五日、毎日手に触れ、目にするものだからです。

そこに、自分の夢を書けば、毎日その夢を目にすることになります。毎日目にしていると、その夢は深層心理にどんどん入り込み、植えつけられていきます。

深層心理は無意識の世界。意識が及ぶ世界よりもその領域ははるかに大きく、思考や行動に深く関与しているといわれています。

無意識の領域に、夢が植えつけられれば、自分の行動はすべて「夢をかなえる」ようにと動き出します。すると、直感も働きやすくなりますし、出会えないような人に出会ったり、有益な情報が舞い込んできたりと、普段ではありえないようなことが起きるようになるのです。

スケジュール帳が予言書に変わる「夢の書き方」

スケジュール帳を予言書に変えるための、具体的な「夢の書き方」をここでお伝えします。

《二月四日の立春の前に書きなさい》

まず、いつ書くのがいいのか。それは、立春である二月四日の前までで。

太陽を基準にした太陽暦では、一二月三一日が一年の終わりである大晦日《おおみそか》で、一月一日が新年の始まりである元旦です。

現在、日本では太陽暦を使っていますが、江戸時代までは旧暦が使われていました。

旧暦というのは、月を基準にした太陰暦に太陽暦を取り入れ、つくられた暦です。

陰陽学は一二〇〇年前から伝わる学問ですから、時の流れや移り変わりに関しては旧暦をベースにして考えます。

ですから、陰陽の世界では、大晦日は節分の二月三日であり、新しい一年の始まりは立春の二月四日ということになります。春という季節とともに、新しい一年も始まるというわけです。

陰陽の世界では、一日を一生と考えるという話をしましたが、地球が太陽の周りを一周した、その区切りとなる一年の始まりもまた、自分自身をリセットするのに、絶好のタイミングです。

一年は、小さな生まれ変わりを三六五回繰り返した集大成。一年が終わり、新たな一年が始まる時期は、まさにその大きな節目。自分自身も新たに生まれ変わることができる、より大きなチャンスなのです。

人によっては四月始まりのものや、途中で新調する方もいるでしょう。その場合は、「今日から立春！」と口に出して三回繰り返し、ここから新しい一年のスタートだと自分に暗示をかけます。

《願い事は多くて二つにとどめなさい》

夢や願い事はいくつもあり、ついあれもこれも書きたくなるものです。

しかし、あなたがもし神様だとしたら、いくつも願い事を羅列した人と、一つだけ願い事をした人がいたら、どちらの夢をかなえてあげたいと思いますか？　一つだけお願いをした人のほうが、切実な感じがして、かなえてあげたくなりませんか？

願い事をするときは、「よしこれだ！」と思うもの、一つに絞り込みましょう。

もしも迷った場合は、仕事のこと、そしてプライベートのことから、それぞれ一つずつ選びます。陰陽の世界では仕事とプライベートは真逆の方向のものと考えるので、双方から一つずつであれば、どちらも切実な願いとして受け止めてもらえます。

その場合は、仕事のこととプライベートのことを、「営業成績で一位を取り、ダイエットを成功させる」というようにつなげて書き、一つの願い事とします。

私の知り合いに、仕事のこともプライベートのこともおりまぜ一度に一三個も願い事を書いた人がいますが、さすがに一年でかなえることはできなかったといいます。

とはいえ、一三個の願いを書いてから三年間で、八個の夢がすでに実現し、四個はもうすぐ実現するところまで来ているそうです。「一億円が空から降ってきた」という夢だけはなかなか実現しないといいますが、三年間で彼女の人生は大きく様変わりしたそうです。

《手帳を開いた最初の見開きページと最後の見開きページに書く》

時計では、一日が始まる○時とその日が終わる二四時は同じところを指しますよね。それと同じで、陰陽の世界でも、始まりと終わりは同じ地点にあると考えます。

最初と最後が同じになるように、スケジュール帳に願い事を書くときも、最初のページと最後のページにそれぞれ書きます。

手帳の表紙をあけた最初の見開きページが最初のページになりますが、見開きページの左右どちらに書いてもかまいません。

ただし、陰陽学では、バランスを重んじます。最初の見開きの右ページに書いたら、裏表紙

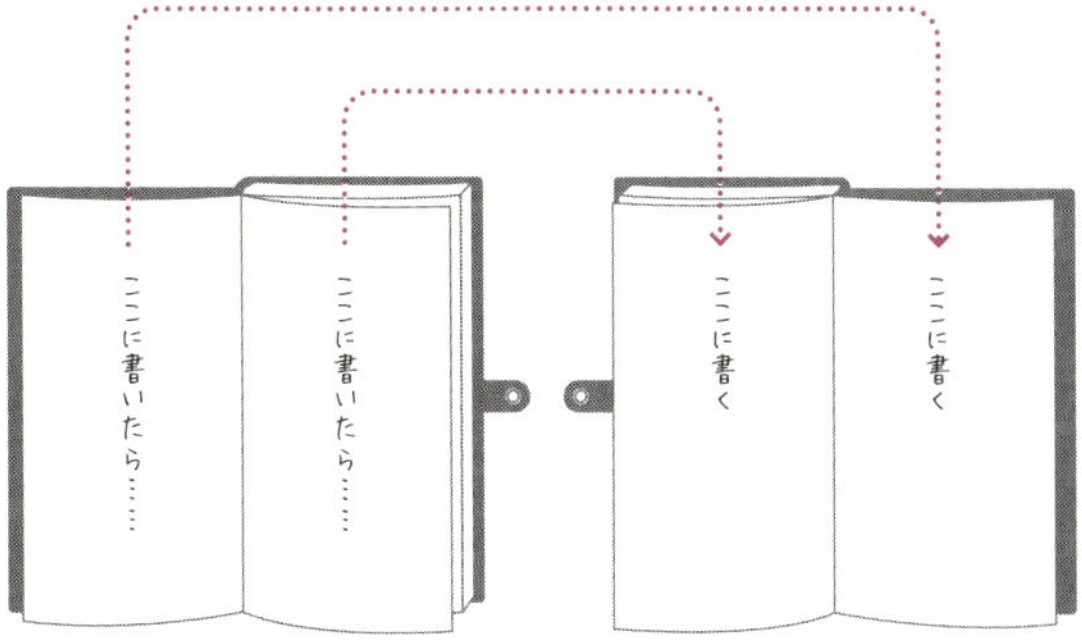

をあけた最後の見開きページは左ページに書き、最初に左ページに書いたら最後は右ページにというように、最初と最後で対称になるように書いて、バランスをとってください。

《願い事は縦書きで書きなさい》

スケジュール帳は算用数字で書かれていますから、ほとんどのスケジュール帳は横書きの仕様になっています。その仕様に従えば、願い事も横書きで書きたくなるところですが、私たちは日本人ですから、ここは古式に則って、縦書きで書いてください。

縦書きで書いた自分の夢を見ると、自然と気持ちも引き締まります。

《願い事を、二回書きなさい》

願望は普通「〜〜したい」といいますが、「〜〜したい」では願いは届きません。

たとえば、採用面接で「がんばりたいと思います」という人と「がんばります」という人がいた場合、あなただったらどちらの応募者を採用しますか？

「〜〜したい」はあくまで願望であり、そこに覚悟は感じられません。「がんばれなかったらごめんなさい」という言い訳が、言外に含まれているようにも受け取れます。

一方、「〜〜します」は、一切言い訳がなく、「一〇〇%の力を出す」という積極的な気持ちが伝わってきます。

とはいえ、願い事はまさしく願望ですから、願い事を書く一回目は「〜〜たい」と書きます。そして、「たい」の文字をバツ印で消して、その横に「ます」と改めて書きます。

そして二回目は、はじめから「〜〜ます」といい切った形で書きます。


上からバツ印をして書き直すのであれば、最初から「〜〜ます」と書けばよさそうなものですが、あえて「〜〜たい」を打ち消し「〜〜ま

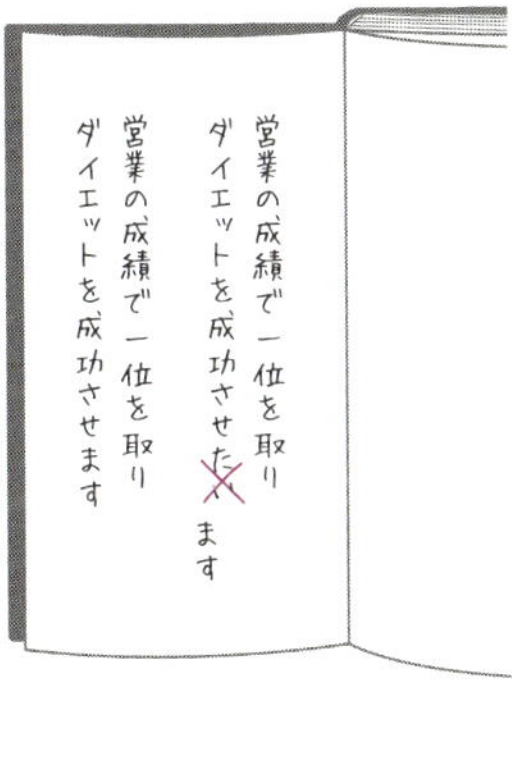

す」とすることで、覚悟を決めるのです。

「たい」を打ち消して書かれた「ます」を毎日目にすると、不思議なことに、願い事とは別の事柄についても「〜〜したい」といういい方を避けるようになり、「〜〜します」といい切れるようになっていきます。

《なぜ、「二回」書くのがいいのか》

何かを確認するときや、強調するときに、私たちは言葉を繰り返します。一回ではなく、二回繰り返すことで、念を押し、心に強く刻み込むわけです。

電話で最初に「もしもし」と二回呼びかけるのも、相手の注意を喚起し、確実に用件を聞いてもらうため。「むかしむかし」といっておとぎ話を始めるのも、物語の世界へと深く引き込ませるための暗示なのです。

神社を参拝するときにも、二回お礼をし、二回拍手をしますよね。

夢や願い事も、二回繰り返し書くことで、より強く、より深く心に刻まれます。繰り返し書かれた願い事を目にすることで、深層心理にも二倍の浸透力を持って染み込んでいくのです。

なお、通常は、文章の終わりに「。」を打ちますが、**最初のページには句点は打ちません。**ここで終わるのではなく、まさに始まりだからです。

《最後のページには「〜〜ました」と書き、必ず「。」で終わらせなさい》

最後のページは一年三六五日が終わった時点とみなされるので、最初のページに書いた願い事の語尾を「〜〜ました」とし、完了形で終わらせます。

神社で願掛けをするときに「〜〜ました」と完了形でいうようすすめる人がいますが、完了形でいうのは、願いがかなった後です。

あらかじめ最後のページに完了形で書くのは、願いがかなうことを確信するためです。必ずかなうという気持ちを込めて完了形で書くのです。そして、文章の最後には忘れずに「。」を打ってください。

「。」で終わらせることはとても大切です。バツではなく、すべて丸で終わらせる、一種の暗示といえるでしょう。

一年の間にいろいろあっても、終わりはすべて丸、すべてよしという気持ちで、「〜〜ました」の後に「。」を打って終わらせてください。

《最後は必ず「有難うございました。」で締めくくりなさい》

お願いをし、それがかなったら、感謝の気持ちを示すのが礼儀です。完了形で終わらせた願い事の横に、「有難うございました。」と書きます。

最近は、ひらがなで「ありがとう」と書かれることが多いように思いますが、「ありがとう」は漢字で書くと「有難う」です。

「有難う」とは「ある」ことが「難しい」ことが起きたという意味とともに、ごめんなさいと謝りたくなるくらいうれしい、というのが、「感謝」の気持ちなのです。

ひらがなで書いても感謝の気持ちは伝わりますが、より深く感謝するという意味でも、漢字で「有難うございました。」と書いていただきたいと思います。

細かくルールがあって、煩わしいと感じるかもしれませんが、お願いをするときには、それなりの手順や作法があるもの。

神社で参拝をするときに、御手洗で手と口を清める、二礼二拍手一礼するといった、作法がありますよね。それと同じことです。

こうしたルールを一つ一つ守ってお願いすることで、本来は届くことのない願いが、届くのです。

予言書となったスケジュール帳は、毎日手に取り、最初のページをまず開いてから、目的のページを開きます。

夜、寝る前には、終わりのページを見て一日を終わらせ、眠りについてください。

あなたの願い事を書き込んだスケジュール帳は、あなたの予言書です。

これも暗示の一つ。「これは予言書だ」と強く思った人ほど、その願いはかなえられるのです。

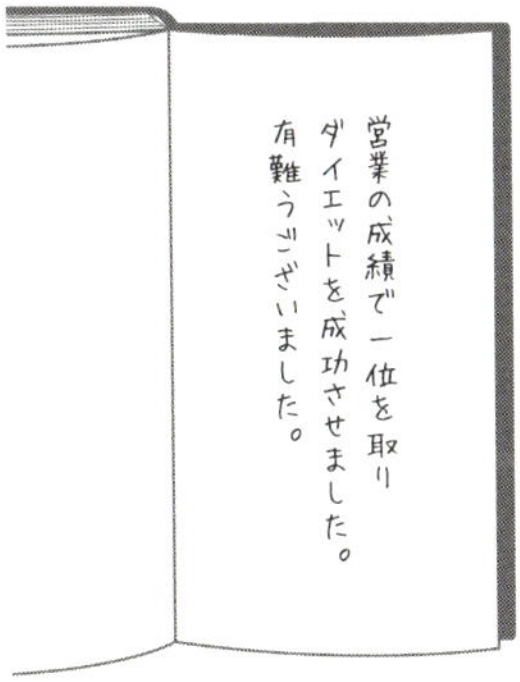

◎論理的に訴えたいときは相手の右目を見る

◎仕事場には「鉢植え」を、食卓には「切り花」を飾る

◎お世辞には必ず「ありがとう」と返す

◎気持ちの切り替えには「日本茶」を飲む

◎八方ふさがりを解く印組を行う

◎怒りを解き放つ印組を行う

◎スケジュール帳を予言書にする

Chapter

3

運気を浄化する夜の暗示

陰陽の世界では、一日は一生を凝縮したものと考えています。

朝の目覚めが誕生の瞬間であれば、夜の入眠は命を閉じる終焉《しゅうえん》の瞬間。

しかし、終わりは、「終わり」のようで実は「始まりの始まり」といわれ、新たなことを始める準備のときなのです。

明日という日をいい一日にするためは、前日の夜の過ごし方を意識するといいでしょう。

どう心地よく住まうか。

どう心地よく、心と体をメンテナンスするか。

心地よく眠り、翌日の生まれ変わりを迎えるために活かしていただきたい、陰陽の教えに基づく暮らしのヒントをお伝えします。

陰陽が入れ替わるお風呂の時間にすべきこと

先に、ただの水を開運水に変える方法があるとお伝えしましたが、言霊《ことだま》と同様に、霊や念は、水に宿りやすいといわれます。

心霊スポットに滝や沼など水気のある場所が多いのは、目には見えないものを受け入れ宿してしまう水の性質が深く関係しているのでしょう。

また、日本の家相では、表鬼門の東北から裏鬼門の西南までのななめを通る霊道の場所に水場を設けてはいけない、水槽を置いてはいけないといわれています。これは、鬼門から入ってきた悪い霊や怨念が居座ったりとどまったりしないようにするための暗示なのです。

家の中には水回りと呼ばれる場所がいくつかありますが、大量に水が使われるのは、なんといってもお風呂ですよね。

体の汚れを洗い、身を清める、このお風呂という場所は、それまで一日活動してきた「陽」から、休息という「陰」へとスイッチが切り替わる場所。医学的にいうと、交感神経と副交感神経とが入れ替わる場所です。

入浴には、滝行のような厳しさは微塵《みじん》もありませんが、大量の水で洗い流すという点では共通しています。

目に見えるものだけでなく、目には見えないものまでも浄化してしまう水。

こうした水の力を上手に使えば、お風呂で物質的な汚れのみならず、精神的な穢《けが》れを洗い流すことができます。

新たな気持ちで元気よく始めた一日であっても、いろいろな出来事に対応し、さまざまな人と関われば、身も心も疲れてしまうもの。怒りや憎しみ、悲しみや落ち込みといった、マイナスの気持ちを家に持ち帰ってしまうことは多々ありますよね。

お風呂の時間は、いやなことはすべて水に流して、中庸に立ち返る大切な時間です。

「水に流す」とは、「なかったことにする」「忘れ去ってしまう」ことを意味する慣用句。実際に体に湯水をかけ、湯船に浸かるという外的な行動から、内的な感情に働きかけをし、怒りや憎しみを忘れ去ってしまうのです。

最近は、湯船に浸からず、シャワーで済ませるという人が増えているようですが、自宅の風呂場に湯船があるのなら、お湯を張って、ゆっくり浸かりましょう。

マイナスの感情を「水に流す」のが目的なら、シャワーでも十分なのでは？ といった声が聞こえてきそうですが、**湯船に浸かることもまた心の浄化に欠かせない重要なポイントです。**

確かに、シャワーを浴びるだけでも、負の感情を流すことはできるでしょう。けれど、水の勢いに任せて単に洗い流すだけは、気分転換はできても、次の段階へと歩を進めることはできません。

同じような出来事が起これば、また同じような対応をし、同じような負の感情を抱くことになりかねません。

一方、湯船に浸かれば、その日のことをゆっくり思い出す時間ができます。温かいお湯に包まれれば、冷たく固まっていた気持ちも自然とほぐれ、俯瞰的に自分の言動を振り返ることができます。

感情にだけ目を向けるのではなく、自分の言動にも目を向けることによって、気づきが生まれ、こびりついた負の感情も、心の底から「水に流す」ことができるのです。

ところで、私たち日本人は、日常的に湯船に浸かりますが、欧米人はシャワーで済ませることがほとんどで、バスタブに湯を張るのは月に数度といいます。

水に恵まれた環境のお陰《かげ》で、日本では湯船に浸かり、湯水に包まれる習慣が広まり好まれてきたわけですが、日本人はお湯に限らず、包まれること、包み込むことを大切にしていると、私は思います。

たとえば、欧米人はプレゼントをもらったときに、包装紙をビリビリと破ってあけることで、贈り物への喜びを伝えますが、日本人は相手が包んでくれた手間のことを思い、包装紙も丁寧にあけていきますよね。

では、なぜ日本人は本能的に包むことを好み、大切にするのでしょう?

それは、日本の文化が「相手が居る」ことを前提として築かれたものだからだと私は思っています。

相手がいることを意識し、相手のためを思う「利他」の精神は、日本の風土の中で、古くから育まれてきたものです。

逆に、自由を重んじるアメリカは「己の文化」です。

私の師匠である祖母は、「自分」こそが「由緒」正しいと考えることが、「自由」の意味だと、よくいっていましたが、「自由」の対極にあるのが、日本人の中に流れる「利他」の精神なのです。

自分のほうに水を引き寄せようとすると水は逃げていき、押し出すと戻ってくることを、「たらいの法則」といいますよね。

考えようによっては、湯船は大きなたらいのようなもの。日本人は、日常的に湯に浸かることによって、感覚的に「たらいの法則」を学び、「利他」の精神を身につけてきたのかもしれません。

お風呂一つとっても、日本人の生活はどんどん欧米化していますが、よいところは取り入れつつ、日本人のすばらしい精神性は、これからも大切にしていきたいですね。

トイレに長居して運気を逃がすな

四万十川のほとりにある、私が生まれ育った家は日本式木造建築です。木は水に弱く、湿気が多いと腐りやすいため、お風呂場は、家相に沿って母屋から少し離れた場所にありました。

トイレも、お風呂と同じように、母屋の外れにひっそりとありました。

トイレも汲《く》み取り式で、水が流れる場所ではありませんでした。トイレは「御不浄」と呼ばれるように、きれいな場所とはいえません。必要不可欠ではあるけれど「不浄」の場所だけに、家族がくつろぎ休む母屋から遠ざけるようにしてつくったのでしょう。

慣れた我が家とはいえ、暗くなってから母屋の外れにあるトイレに行くのはどことなく心細く、子どものころは、なるべく早く用を済ませ、急いで出てきたものです。

住宅事情もあり、最近は、お風呂もトイレも家の中に組み込まれた家がほとんどで、トイレはさみしい場所でもなければ、早く出てきたい場所でもなくなりました。

一人きりになれる空間でもあるため、トイレで本を読むという人もいるようですが、「トイレに長居はしない」ということを、私はよくアドバイスしています。


トイレは、あくまでも用を足す場所です。

排泄物《はいせつぶつ》を処理し、流すための場所に、必要以上に長くいては、運気も一緒に流れてしまいます。用を済ませたら、素早く退出するようにし、決して長居はしないようにしましょう。


ところで、日本は国土が狭いため、土地を有効利用するためにマンションが多く建てられています。マンションでは、上下階の家はだいたい同じつくりになっていて、303号室のトイレの上には、403号室のトイレがあり、さらにその上には503号室のトイレがあるというつくりになっています。

そしてすべてのトイレには、汚物を流すための配管があります。

あまり想像したくはありませんが、最上階は別として、多くのトイレの配管には、上の階の下水が流れていることになります。

日本の昔ながらの家相のルールに照らし合わせると、こうした状態は決していいことではありません。

とはいえ、現在の住宅事情を考えると、これも致し方ないこと。

それだけに、マンションにお住いの方はとくに、トイレで運気を流さないよう注意をしていただきたいのです。

また、たまに配管がむき出しになっているトイレがありますが、**下水の流れる配管は本来視界に入ってはいけないもの。**このような場合は、造花のツタやポトスを買ってきて、配管に巻きつけるといいでしょう。

植物を巻きつけることで、配管を樹木に見立て、気の流れをよくするのです。


ちなみに、いまや日本では「風水」という言葉が一般的に使われるようになっていますが、そもそも風水とは中国に伝わる環境学です。

中国では、乾燥した大地が広がっているため、水を補う必要があり、「風水」の考え方が生まれたわけです。

しかし、日本の国土は水に恵まれており、日本の木造建築は、水が生む湿気を嫌います。つまり、風水の考え方は、もともと中国の国土を元にして生まれたものであり、環境の異なる日本の国土にはそぐわないものも多くあるのです。

また、風水が生まれた時代と現代とでは、生活様式が様変わりしています。水洗トイレもなければ、電気コードもなかった時代にできた中国で生まれた環境学が、日本の現代の生活にどこまで役立つのかを考えると、「中国式の風水をなんでも鵜呑《うの》みにするのはかえって運気を下げることにつながるのかもしれない」とも思っています。

ひきはじめの風邪は塩とミネラル水で治しなさい

日本では古くから、塩には浄化作用があると考えられてきました。

神棚に塩を供えるのも、玄関に盛り塩を置くのも、邪気を寄せつけないようにし、周囲を清らかな状態に保つため。

力士が土俵に塩を撒《ま》くのも、葬儀から帰ってきた家人を塩で清めるのも、邪気を払い、災いが入らないようにするためです。

また塩は、殺菌・防腐の作用があるため、梅干しや味噌《みそ》といった保存食品にも用いられてきました。

塩は、日本人にとって、料理をつくるための大切な調味料であると同時に、目には見えない邪気を遠ざけるための道具。

体の一部となる食品であると同時に、災いを寄せつけないようにする浄化の象徴でもあるのです。

陰陽の世界では、邪気がついて病気になると考えています。

「病は気から」というように、邪気が体に入り込み、体内の「氣」の巡りが悪くなることによって、体調が崩れるというわけです。

裏を返せば、体に入り込んだ邪気を早いうちに払ってしまえば、体内の「氣」は影響を受けず、体調も崩れないということです。

私も、小さいころは、咳をしたり、鼻声になったりすると、祖母に「塩をなめなさい」とよくいわれたものです。塩を直接体に入れることにより、体に入った邪気を払おうとしたのでしょう。

もちろん、塩には、殺菌・防腐作用はあっても、症状に直接働きかけるような薬効成分は含まれてはいません。

しかし、人には免疫力があります。実際にプラシーボ効果として医学的な根拠もあるように、塩をなめ、体を浄化することで、体内の「氣」に暗示がかかり、免疫力の働きが高まれば、ある程度の病気は治せるのです。

万病の元といわれる風邪《かぜ》は、多くの人がかかる病の一つです。

風邪は、文字どおり風に吹かれ、空中を舞う「邪気」。

風邪の流行シーズンには、人混みに行くだけで感染してしまいそうですが、そんなときには、ここでご紹介する暗示を行い、邪気を払ってしまいましょう。

帰宅後、きれいに手洗いをしてから、「塩とミネラル水」を用意し、舌に少量の塩をのせ、コップに注いだミネラル水で体に流し入れます。

塩は精製塩ではなく、ミネラルが豊富に含まれた天然の塩を。そして、水は人工的に浄化された水道水ではなく、自然のミネラル水を選びましょう。

人間も自然の一部ですから、塩も水も自然に近いもののほうが体が受容しやすく、その分、浄化作用も高まるのです。

なめる塩の量はひとつまみ程度で結構です。塩を舌にのせたら、ミネラルウォーターで体に送り込みます。

ミネラルウォーターに「風邪はひきません」「邪気を追い払います」などと、言葉で暗示をかければ、さらに浄化の効果が上がります。

子育て中のお母さんのなかには経験がある方もいるかもしれませんが、幼い子どもがインフルエンザにかかってしまったとき、「私までうつってインフルエンザで寝込むわけにはいかない。私はかからない」と思っていたら実際にかからなかった。ということはよくあります。病は気から、というのは本当なのです。

ちなみに、邪気は、神社などの浄化された場所を嫌います。

軽い風邪なら、神社に行っただけで治るほどです。

帰宅途中に神社がある人は、少し寄り道をし、神社を参拝して邪気を払うといいでしょう。

寝るときには、鏡に寝姿を映してはいけない

一番身近でありながら、自分では決して見ることができないもの。

それは自分自身の姿です。

風景でも人でも物でも、自分以外のものは、肉眼で直接見ることができます。

けれど、自分の顔や姿は、鏡がなければ見ることができません。

家で顔を洗うとき、身支度を整えるとき、お化粧をするとき、手を洗うときなど、普段誰もが何気なく見ている鏡ですが、一つだけ気をつけていただきたいことがあります。

それは、「寝姿は映さない」ということです。

人間がつくったものとはいえ、鏡は、普通なら見えないものを映し出すという、特別な力を持っている道具です。

古来、見えないものを映し出す鏡は、私たちが生活する現実の世界と、別の世界をつなぐ装置と考えられてきました。

神社のご神体が鏡であることが多いのは、鏡というものが別の空間に通じる力を備えているから。

鏡を通じて、神の世界を覗《のぞ》き見、神の世界とつながりたいという願いから、鏡という道具を神として祀《まつ》ったのでしょう。

直接見ることのできない自分の姿を、鏡が映し出してくれるとはいえ、寝ている自分の姿を見ることは誰にもできません。

しかし、寝床のそばに鏡が置かれている場合など、意図せず寝姿が鏡に映し出されることがあります。見る人がいなければ問題はなさそうですが、見ることを意図して映し出された姿ではないからこそ、逆に危険なのです。

起きているとき、私たちの魂は肉体の中に収まっています。

一方、寝ているとき、魂は肉体から離れることができるといわれています。

魂が肉体から離れやすい状態にある睡眠中に、自分の姿が鏡に映ってしまったらどうなるでしょう?

睡眠中は、一番無防備な状態です。もちろん、意識も働いていません。

肉体から離脱した魂が、鏡の向こう側の世界に引き寄せられてしまうことは十分考えられます。

かつて、家庭にあった鏡といえば、パタパタと閉じることのできる三面鏡。一面の姿見であっても、そこには布がかけられていました。

鏡がいまほど普及していないころには、鏡の持つ不思議な力を怖《おそ》れる気持ちが人の心の中にあったのでしょう。不用意に自分の姿を映し出すことがないようにと、必要のないときは、扉を閉じたり、布をかけたりして、鏡面を隠していたのです。

鏡は現実の空間と異空間をつなぐ装置です。

そして、睡眠中は魂が肉体から離れやすい状態にあります。

寝姿を鏡に映すことは、危うい行為です。

もしも、寝姿が映る場所に鏡がある場合は、鏡の位置を変えたほうがいいでしょう。

鏡の位置を変えられないのであれば、寝ている間だけでも、鏡面を布などで覆うようにしましょう。

どんなことがあっても、笑顔をつくって眠りにつく

朝の目覚めが誕生の瞬間であれば、夜の入眠は命を閉じる終焉《しゅうえん》の瞬間。

入眠直前は、その日一日のいろいろな出来事が頭をよぎって、心身のコンディションが崩れがちです。疲れがたまっているせいもあって、苦々しい気持ちに浸ってしま

うこともあるでしょう。

しかし、疲労や負の感情を引きずったまま眠ってしまっては、さわやかな気分で翌日を迎えることができません。

明日という日をよい一日にするには、前日の夜にどのような状態で眠りにつくかが非常に大切になります。

翌朝の寝覚めを清々《すがすが》しいものにするために、心地よい入浴とあわせて心がけていただきたいのが、**口角を上げた状態で入眠する**、ということです。

たとえ楽しい気分でなくても、うれしいことなど何もなくても、「ニッ」といって口角を上げ、強制的に笑顔を作って眠る。つくり笑顔だと自分でわかっていてもいいのです。

不思議なことに、つくった笑顔であっても、人は笑顔をつくっているときに怒ることはできません。下を向くと自然と気持ちが沈み、上を向くと晴れ晴れするのと同じように、感情は体の動きに引っ張られるのです。

笑顔で眠れば、寝ている間に気持ちが切り替わります。翌日にすっきりと明るい気分で起きることができます。目覚めがよければ、またその一日を前向きな気持ちで精力的に過ごすことができます。

笑顔で眠りにつくことは、「終わり、まる」と、一日に句点をつけるようなもの。その日の心にきちんと片をつけ、翌日の準備を整える、ということなのです。

これは人生にも同じことがいえます。

陰陽の世界では、人は泣き叫んで生まれてきて、周囲の人に笑顔で迎えられると考えられています。そして、人が死ぬとき、周囲の人は泣き悲しみますが、本人は「我が人生に悔いなし」といって笑みを浮かべて亡くなるといわれています。

死は誰にでも訪れるものですが、どういう形で死んでいくかは、誰にも予測することはできません。それは神のみぞ知ることです。

しかし、私はどんな状況であれ、笑顔で死んでいきたいと思います。

「終わりよければすべてよし」

命を与えられたことに感謝し、満面の笑顔で人生の幕を閉じる。

一日は一生である、という陰陽の世界の教えから見ると、笑顔で入眠することは、笑顔で人生を終える練習をしている、つまり、よい人生を笑顔で終える、その練習をしているように、私には思えるのです。

◎お風呂では、シャワーでなく湯船につかる

◎トイレに長居しない

◎天然塩を、邪気払いに使う

◎姿見は、寝姿がうつらない場所に置く

◎笑顔をつくって入眠する

Chapter

4

男女関係がうまくいく陰陽術

「いい人と出会うにはどうしたらいいのでしょうか」
「いまおつきあいしている彼と結婚していいのでしょうか」
「別れた人と、どうしてもやり直したいのですが」

個人鑑定でも、非常に多くの方がこんな相談をされます。

男女関係のもつれ、すれ違い、はたまた、ご縁結び……。

陰陽の考え方を知り、それを実生活の中でいかすようになると、男女関係はもちろん、あらゆる人間関係は、とてもシンプルに、心地よいものになります。

男女のつくりが違う以上、男には男の、女には女の役割があります。

その考え方と、うまくいくための陰陽おまじないもご紹介したいと思います。

人間だけが「間」を持つ生き物である

人間にあって、犬や猿や猫にないものはなんでしょう?

それは、「間」です。

犬も猿も人も、地球上に生息する生物の一種ですが、同じ生物でありながら犬にも猿にも猫にも「間」はありません。

「人」のことを「人間」と表現しても、犬のことを「犬間」、あるいは猿のことを「猿間」、猫のことを「猫間」ということはありませんよね。

地球上にはさまざまな種類の生物が存在していますが、人という種だけが、「間」を持っているのです。

「間」とは、陰陽の考え方では、ものとものに挟まれたところ、ものとものが途切れているところを指します。

「間」を持っているのが人間であり、人と人のあいだに存在する「間」を認識できるのが人間なのです。

たとえば、AさんとBさんという二人がいた場合、AさんとBさんのあいだには「間」があります。

AさんとBさんの思いや考えが違っていても、二人のあいだに横たわる「間」にAさんとBさんそれぞれが、自分の魂を置くと、お互いを理解することができます。

自分の魂を、自分の肉体から離れた「間」に置くことによって、AさんはBさんの、BさんはAさんの思いや考えを、客観的に受け止めることができるようになるのです。

一方、AさんもBさんも自分の魂を「間」に置くことなく、自分の中に抱え込んだまま物事を考えたらどうなるでしょう?

AさんもBさんも自分の思いや考えを主張し、相手の思いや考えに耳を傾けることすらしないのではないでしょうか。

相手の話に耳を貸さずに、お互いが自分の主張ばかりを通そうとしたら、相手に対して腹を立てるばかりで、二人は決して理解し合うことはできませんよね。

鳥のように、高いところから全体を広く見渡すことを「俯瞰《ふかん》」といいますが、**陰陽の世界では、「俯瞰」と同じような意味合いで、〝「間」に置く〟と表現します。**

つまり、「間」のある人間であれば、自分の視点とは別のもう一つの視点、俯瞰的な視点を持っているというわけです。

複数の人がいて、各々が自分の魂を、複数名いる人との「間」に置くことができたら、その人たちは、お互いに人と人との中間と書いて〝仲間〟と呼び合う関係になります。

複数の人の中で、一人だけ、魂を自分の中に抱え込んでいる人は「間」がない人、「間」が抜けている人であり、〝間抜け〟と呼ばれます。

「間抜け」であることを指摘されても、そのことに気づかず、改めることがなかったら、「間抜けだから仕方ない」と仲間外れになるのです。

「間」を持つということは、自分の主張は持ちつつも、相手の考えや立場を理解し、尊重するということ。

人間は本来、人と人とのあいだにある「間」を意識でき、自分とは異なる人の立場を理解して、違いを踏まえた上で自分以外の人と関係を築ける存在なのです。

男と女は違うから、宇宙の調和がとれる

陰陽の教えでは、混沌の状態から、光に満ちた「氣」(=陽気)が上昇して天となり、重く暗い「氣」(=陰気)が下降して地となったと説いています。

陰と陽、この二つの「氣」の働きによって万物の事象を理解しようとするのが陰陽思想です。

陰と陽には優劣はなく、陽があるから陰があり、陰があるから陽があるというように、陰も陽も、お互いがあってはじめて、一つの存在になり得るのです。

このような「互いが存在することで己が成り立つ」という考え方を、陰陽学では「陰陽互根《ごこん》」といいます。

人間は男と女に分けられますが、陰と陽が正反対の存在であるように、男と女も正反対の存在です。

陰と陽とが違うように、男と女も違います。

もちろん、同じではないからといって、どちらか一方がもう一方よりも優れているということはありません。

男がいなければ女もいませんし、女がいなければ男もいません。

異なる性質を持った男と女がいるからこそ、人間という種が途絶えることなく、存続しているのです。

「陰陽互根」と同様に「男女互根」なのです。

陰と陽とがそうであるように、男と女には、それぞれ異なる役目があります。

そして、男と女がお互いにそれぞれの役目を果たすことで、宇宙の調和がとれるのです。


では、男と女、それぞれの役目とはなんでしょう?

私の師匠は、男女、それぞれの役目について、「雄」と「雌」という字を使って教えてくれました。

「男」を表す「雄」という字と、「女」を表す、「雌」という字。

どちらの字も、旁《つくり》の部分は「隹」という字になっていますよね。

「隹」はそもそも尻尾の短い鳥のことを表す言葉ですが、陰陽学では、六一ページでお話しした「首」と同様に「自分自身」を表す字とされています。

一方、「雄」の偏《へん》は「広」であり、「雌」の偏は「此《ここ》」です。

雄は「広い」「広がる」であり、「雌」は「いまここにいますよ」となります。

つまり、偏が表すように、どんどん世に出て、自分の世界を広げていくのが「雄」であり、一つの場所にとどまり守るのが「雌」というわけです。

鳥も、雄はあちこちを飛び回り食べ物を獲ってきて、雌が巣にとどまり守るというように、役割分担をして子育てをしていますよね。

雄が雌よりえらいわけでもなく、雌が雄より優れているわけでもありません。

雄と雌は、本能に従い、自分に与えられた役目を果たしているのです。

男は、世界を広げるという役目を持った雄であり、女は、止まって男を待ち、守るという役目を持った雌なのです。

同じ人間であり、優劣はありませんが、身体的な構造が違い、担うべき役割、果たすべき役目がまったく異なる。それが男と女なのです。

古代から「男はずっと子どものまま」だった⁉

陰陽の世界では、昔から陽よりも陰のほうがエネルギーが強いと考えられています。「陽陰」といわず、「陰陽」というのも、陰のほうが強いという前提があるからです。「師弟」、「親子」など、熟語では立場的に上位にあるものが前になることが多いですよね。

では、「男女」の場合はどうでしょう?

「女男」とはいわず「男女」というくらいですから、やはり男のほうが女よりもエネルギーが強いのでしょうか?

肉体的には、男性のほうが大きく、たくましく、力強いというイメージがあります。

しかし、内面の部分に目を向けると、男の子より女の子のほうが一般的に早熟といわれますし、男性よりも女性のほうが精神的に強いとよくいわれますよね。

陰陽学では、目に見える肉体的な力よりも、目に見えない内なる力のほうを重んじます。つまり、陰陽の世界では、男が陽、女が陰で、女のほうがエネルギーが強いとされているのです。

陰陽学について記された古い書物には、男は「男子」と書かれ、女は「女人」と書かれています。

おもしろいですよね。女は大人になると「人」になるけれど、男は大人になってもずっと「男子」、子どものままということです。

子育てをしている女性が、旦那さんのことを指して「うちには大きな子どももいるから大変」といったりしますが、まさに「大人になれない」のが男であり、年をいくつ重ねても「子どものまま」でいるのが男なのです。

「母なる大地」「母なる海」とはいっても、「父なる大地」「父なる海」とはいいませんよね。男は、いつまでも子どものまま。それが男性の特性なのです。

大人になると「人」となる女は、子どもを産んだら、その子どもを育てると同時に子どもの父親である「旦那というもう一人の子ども」の世話もしなければなりません。

女性は大変だな、すごいなとつくづく思いますが、それができるのが女。男ができないことを、やってのける強さを持っているのが女なのです。

男の私がいうのもなんですが、夫に手がかかっても、「体は大きいけど、子どもなんだ」と、大目に見てあげるほうが、いい夫婦関係を保てるのかもしれません。

ちなみに、日本女性のことを「大和撫子《やまとなでしこ》」といいますよね。

慎ましくも凛《りん》とした花の姿を日本の女性像に重ねた言葉ですが、私の師匠によれば「大和男児」を撫《な》でるのが「大和撫子」。つまり、旦那と子どもをやさしく受け入れ、「よしよし」と励まし成長させるのが、大和撫子なのだそうです。

男性よりも強いエネルギーを持つ女性。強い女性が上に乗っては弱い男がつぶれてしまう。強いからこそ下で支える。つまり**「あなたは大黒柱なんだからがんばってね」といいながら、自分はその大黒柱を下から支える「敷石」を担う。**

それが女性なのだそうです。「男女」という言葉を考えるとき、本当に女性ってすごいな、と思わずにはいられません。

「女は男を褒めなさい」「男は女をねぎらいなさい」

男と女は、同じではなく、それぞれに役目があります。役目が違えば、やるべきことも違ってくるわけですが、講演やセミナーで、聞いてくださる方が非常に興味を持ってくださるテーマの一つに、この男女関係があります。陰陽の考え方に基づく、男女の仲を良好に保つための方法。その基本的な教えは、**「女は男を褒め」**、**「男は女をねぎらう」**ということです。

「男の役目は外に出て、世界を広げること」と一四四ページでお伝えしましたが、男はえてして、自分のことにしか目が向かなくなる生き物です。

外で働いていようと、主婦であろうと、自分を支えてくれる奥さんという存在があってこそ、自分はがんばることができるのに、往々にして男は奥さんのそうした支えを、あたりまえのことと錯覚してしまうのです。

最初は感謝していても、毎日やってもらっていると感謝の気持ちが薄れていき、洗濯をしてもらうのもあたりまえ、ご飯をつくってもらうのもあたりまえ、掃除してもらうのもあたりまえ、と思ってしまうわけです。

ところが、奥さんからすればそれは決してあたりまえのことではありません。

あたりまえと思ってやってもらっている男と、あたりまえではないと思いつつやってあげている女が一つ屋根の下にいたら、どうなるでしょう？

喧嘩《けんか》とまではいかなくとも、多少の火花が散り、険悪なムードになりますよね。

ですから、奥さんの支えをあたりまえと思っている男性には奥さんに対し「ねぎらう」ことをしていただきたいのです。

「ねぎらう」とは相手の苦労に対し、感謝の気持ちを表したり、なんらかの行動によって謝意を示すこと。単に、感謝の気持ちだけでなく、申し訳なく思って相手に詫《わ》びるような気持ちも含まれています。

「ありがとうね、感謝しているよ」で終わらせるのでは、ねぎらうことにはなりません。

「いつも苦労させて悪いな」「苦労させて申し訳ないと思っているけど、おまえの支えがあるから、俺も外でがんばれるんだ」「本当にありがとう」と、**大変さに気づい**

た上で感謝するのが、ねぎらいです。

こうしたねぎらいの言葉をかけるだけで、奥さんの気持ちはだいぶやわらぎ、表情や態度もやさしくなるはずです。

とはいえ、言葉だけではもの足りなくなるのが、女という生き物です。ねぎらいの言葉にプラスアルファして、たまにはねぎらいの気持ちを行動で示しましょう。

具体的には、二週間に一回、デパ地下などで一六〇〇円くらいケーキを買い、奥さんへの手土産《てみやげ》にするのです。

重要なのは、子どものためではなく、あくまで奥さんのために買うこと。

奥さんのために買ったケーキですから、子どもが寝た後に、ケーキの半分を二人で仲よく分け合い、四分の一ずつ食べます。そして残った半分を、「後は食べていいからね」というのです。

女性は、子どものため、友達のためには買うことはあっても、自分のために一六〇〇円もするケーキは買いません。だからこそ、プレゼントされるとうれしいのです。

一緒に食べるのも大切なポイントです。

ただケーキを渡されても、奥さんとしては何がなんだかわかりません。コーヒーを淹れ、甘いケーキを一緒に食べれば、お互いゆっくりと向き合い、会話をすることができますよね。一緒に食べるからこそ、ねぎらいの気持ちがじんわり伝わるのです。

二人で食べた残りを、奥さんに「食べていいよ」というのは、がんばっている奥さんへのご褒美という意味合いです。半分は一緒に食べ、もう半分は奥さん一人で味わってもらうのです。

一緒にケーキを食べるときに、「いつも帰りが遅くてごめんな。おまえがよくやってくれるから助かるよ、ありがとう」といえば、奥さんからは「いいの、いいの。あなたも無理しないでね」と温かい言葉が返ってくることでしょう。

頻度やケーキの値段まで細かくお話ししましたが、細かく指示をされないと動けない、細かく指示されると動けるというのもまた、男の特性だからです。

一方、一言いわれれば、気づいて動けるのが女性の特性。「女は男を褒める」といわれれば、女性はどうすべきかわかるはずです。

奥さんが、旦那さんに何かをやってほしいときには、具体的に細かく指示を出し、指示どおりやってくれたら、褒めればいいのです。

たとえば、朝のゴミ出しを旦那さんに頼むときは、「朝七時までに、あそこのゴミ収集場所に出して、ネットもちゃんとかけてね」と細かくいいます。そして、旦那さんが帰ってきたら「今朝はゴミを出してくれてどうもありがとう」と褒めます。

男は単純ですから、褒められればうれしくて、ゴミ出しをするようになりますよ。

厚い筋肉は「男の入り口」、では「女の入り口」は？

物事を始めること、または物事の最初の段階を入り口といいます。

赤の他人だった男女がお互いに惹《ひ》かれ合い、その関係を発展させていくには、入り口となる最初の段階があります。

山に登るときに、いくつかの登山口があるように、男女がお互いの心を通い合わせる際にも、さまざまなきっかけがあります。

そして、同じ頂上を目指すのであっても比較的登りやすい登山口があるように、男女の間にも、瞬時に相手の心をつかんでしまうような入り口となるものが、それぞれにあります。

男性の場合、その入り口となるのが太ももです。

たとえば、男性が何人かのホステスさんがいる店で飲んだとき。テーブルの向こうに座っているホステスさんと話がはずんで意気投合しても、もしも自分の隣に座ったホステスさんの手が自分の太ももに置かれていたとしたら、その男性は、隣に座っていたホステスさんを次回指名する、という話を聞いたことがあります。

もちろん、太ももに手を置かれた時点で、その女性が自分の好みとはまったく違っていたら、タイミングを見計らいその手をさりげなくはずすでしょう。しかし、そうでないかぎり男性は、自分の太ももに手が置かれた瞬間に、手を置いたその女性のことが急に気になりだすのです。

なぜ太ももなのかというと、太ももは体の中で最も大きな筋肉がある場所だからです。筋肉は一般的に女性よりも男性に多くついているものであり、男らしさを特徴づけるもの。**男にとって、女性から筋肉に触れられたということは、すなわち男性とし**

て認められたことと同然なのです。腕の力こぶや胸筋も同様に「入り口」となります。

一方、女性の場合は、頭が入り口になります。

自分より強い男性、尊敬する男性、信頼している男性から頭をポンポンと軽く触れられると、女性は急にしおらしくなります。

自分より大きなものに守られている安心感、がんばった自分を認めてもらえた喜びが、頭をポンポンとされた瞬間に一気に吹き出し、頭をポンポンした相手に心がぐっと傾いていくのでしょう。

ただし、筋肉繊維を触られると単純に入り口が開く男性とは裏腹に、女性の場合は、この人になら頭をポンポンとされたいという人と、この人にはされたくない人が明確に分かれます。

女性は相手を選び、相手によって頭を触れられてうれしいと思うか、不快感を感じるか、対応が真っ二つに分かれるのです。

ですから、無闇に女性の入り口に触れることは禁物ですが、覚えておいて損はないと思います。

「すごい」「すてき」「なるほど」で男性運は引き寄せられる

前項で男女の入り口の話をしましたが、出入り口というように、「入」る前に必要なのが「出」ることです。

息は、まず吐いてから吸うように、男女の関係も出会いがなければ始まりません。

昔は、世話好きな人間がいて、年頃の子どもがいる家に縁談を持ちかけたものですが、いまでは、そうした親切な人はめっきり少なくなってしまいました。

待っていれば縁談が舞い込んできた昔と違い、いまは、出会いは待っているだけではいつまでたってもやってきません。

また、「いやよいやよも好きのうち」といって、昔はたとえ女性から「いや」といわれても、男性は「いいだろう」としつこくアプローチしたものです。

しかし、昨今は、「草食男子」といわれるように、女性から「いや」といわれれば、すぐにあきらめてしまう男性や、「いや」といわれる以前にあきらめてしまう男性が多くなったと聞きます。

出会いを求めるなら、人が集まるところへと率先して出て行くべきですし、とくに女性の場合は、男性から声をかけられるのを待つのではなく、自分からアプローチしていくことも必要になります。

アプローチといっても、誰かれかまわずに誘うということではありません。

どうするのかといえば、周りにいる男性に対して、「Sの言葉」と、「Nの言葉」を意識して使うのです。

「Sの言葉」は、「すごい」「すばらしい」「すてき」など相手を褒める言葉です。そして「Nの言葉」は、「なるほど」「納得」など相手を認める言葉です。

男はきわめて単純な生き物です。

「すごい」「すてき」と褒められ、「なるほど」と認められれば、それだけでいい気分になり、褒めてくれた相手、認めてくれた相手に対して好意を抱くものです。

たとえ、お目当ての男性がいなくても、練習として周りの男性に、「Sの言葉」と

「Nの言葉」をいっていると、自然と「今度食事に行かない」と男性からお誘いがかかるようになるはずです。

陰陽の世界では、出会いとは、別々に流れていたものが合流する地点、タイミングのことと、教えています。

初めて顔を合わせたときのことも出会いといいますが、以前から見知っていた者同士が、相手に対し、それまでとは違う特別な感情を持つようになることもまた、出会いなのです。

出会いを求めて特別な場所に行くことも一つの方法ですが、日常生活の中で「Sの言葉」「Nの言葉」を積極的に使っていくことで、思いもよらない出会いに恵まれることもあるのです。

ところで、「Sの言葉」のように、相手を褒める言葉を陰陽の世界では、褒める言霊ということで、「褒《ほ》め霊《だま》」と呼んでいます。

男性は誰でも「褒め霊」をうれしく受け止めるものですが、受け止め方は当然人によってそれぞれです。にこ～っとして単純に喜ぶ人もいれば、うれしそうにしながらも「え〜、本当はそんなこと思っていないでしょう」と返す人もいるでしょう。

女性は戦略として「褒め霊」を口にしているわけですが、男女の関係性で考えると、**あなたの「褒め霊」に対し単純に喜んだ男性が、あなたの相性のいい相手となります。**

なぜなら、単純に喜んだということは、あなたの「褒め霊」で成長していく可能性が大いにあるということだからです。

逆に、あなたの戦略を見破り「そんなこと思っていないでしょう」という男性は、あなたの「褒め霊」で成長する可能性が低く、相性もよくないというわけです。

恋をかなえ愛を育む「おまじない秘儀」

好きな人ができたとき、その人と結ばれることを願います。以前、どうしてもあの人と結ばれたい、と相談を受け、お伝えしたことのあるおまじないをご紹介します。

「おまじない」は、漢字で書くと「御呪《おまじな》い」となります。

「呪《まじな》い」という字面を見ると、おどろおどろしいものを連想してしまいますが、もともと「呪い」とは、呪文・祈禱《きとう》などの呪術のこと。神や霊などの力を借りて、災厄や病気を取り除いたり、逆に引き起こしたりすることで、目的やそこから生じる結果の善悪に関係なく使われていたのです。

現在では、「おまじない」はプラスの意味合いを持った呪術として、「呪い」はマイナスの意味合いを持った呪術として、広く受け止められているといえるでしょう。

ここでご紹介するのは、もちろんプラスの意味合いで行う「おまじない」です。

おまじないは、その想《おも》いが強ければ強いほど、霊的な力も強くなります。

恋愛の場合、相手に対する熱い想いは、隠そうとしても何かしらの形で伝わってしまうもの。

しかし、陰陽の教えでは、想うだけでは半分とされています。

想い（陰）と行動（陽）を合わせ、一つにすることで、その熱い想いが相手にしっかり届き、あなたと相手との間に強い縁が結ばれるのです。

恋愛にはさまざまな段階があるので、ここでは恋愛の初期、恋愛の発展期、恋愛の過渡期の三つの状況でのおまじないをご紹介します。

想いを届けて両想いになる「折り鶴の秘儀」

恋愛の初期、気になる人、好きになった人と、もう少し近づきたい。想いを伝えて、おつきあいしたい。そんなときに効果がある、「折り鶴の秘儀」をお伝えします。

想いを一点に集めて、それを届ける、という暗示です。

［想いを届ける折り鶴の秘儀］

①　和紙の折り紙を五枚用意します。

②　五枚のうちの一枚に、好きな人の名前と生年月日を書きます。名前を書くのは折り紙の内側です。

③　残り四枚の折り紙の内側に、それぞれ自分の名前と生年月日を書きます。

④　相手の名前と生年月日を書いた折り紙で、折り鶴を折ります。相手のことを想いながら折りましょう。

⑤ 残りの四枚の折り紙で、同様に相手のことを思いながら、折り鶴を折ります。
⑥ 自分の名前を書いた四つの折り鶴を、くちばしを中央に向けるように東西南北に配置します。
⑦ その四つの折り鶴の上に、相手の名前を書いている折り鶴を、くちばしが相手の住所の方角を向くように配置します。

折り鶴は願いを込めて折るもの。東西南北に配置した折り鶴によって四方から集めた自分の想いを、相手の名前と生年月日を折り込んだ鶴によって、相手の住む方角に羽ばたかせるというのが、このおまじないの目的です。

おまじないの効力を上げるためには、次のような〝陽氣〟を強める行動を心がけてください。

・マイナスの言霊をいわない
・いつも笑顔
・陽気な友達と過ごす
・あいさつは自分から

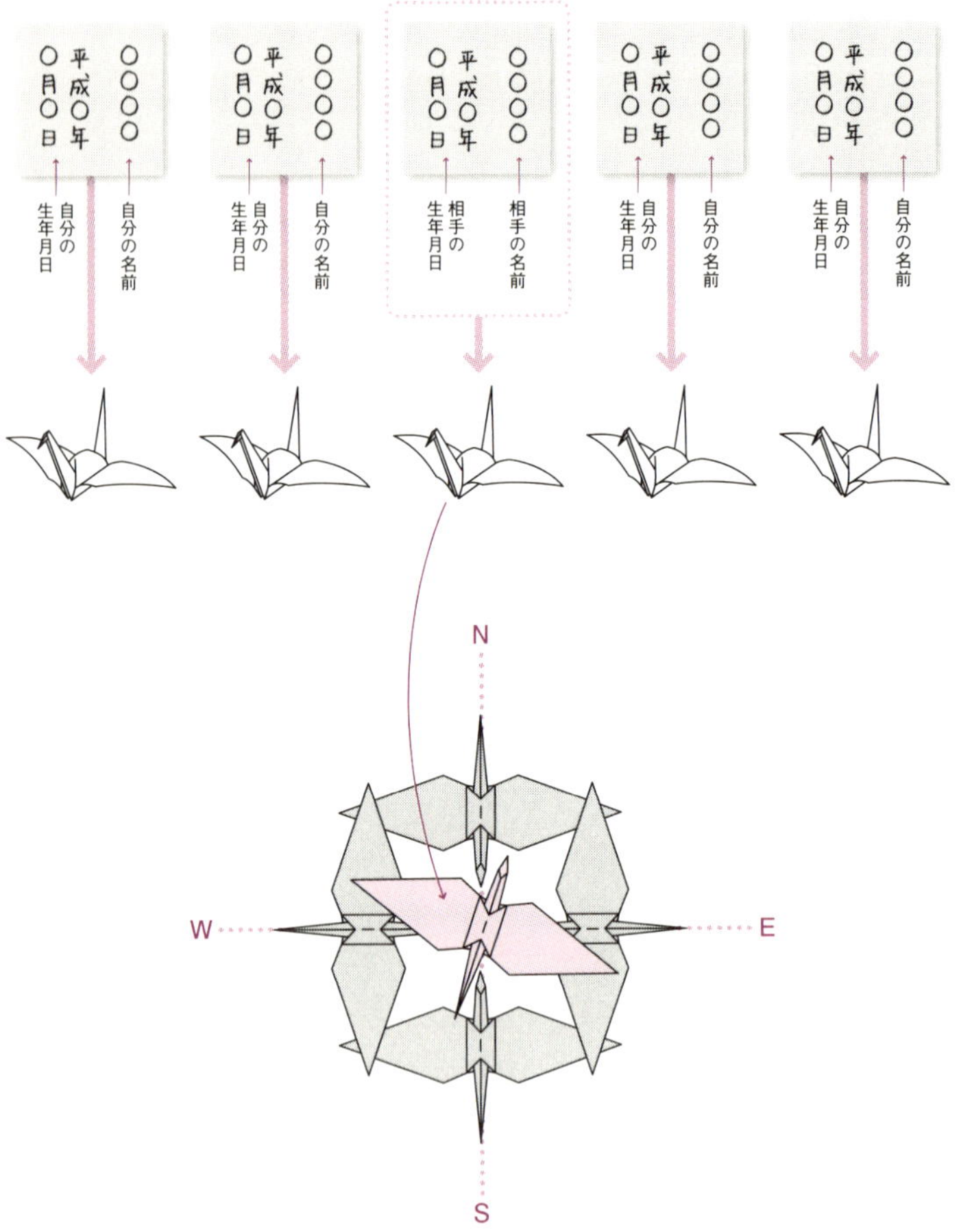

○○○○
平成○年○月○日
自分の名前
自分の生年月日
○○○○
平成○年○月○日
自分の名前
自分の生年月日
○○○○
平成○年○月○日
相手の名前
相手の生年月日
○○○○
平成○年○月○日
自分の名前
自分の生年月日
○○○○
平成○年○月○日
自分の名前
自分の生年月日
N
W
E
S

・「ノー」をいわずいつ何時も「はい、わかりました」をいう

絆を深め、愛を確かなものにする「ろうそくの秘儀」

片思いが通じて、愛を育む段階になった幸せのとき。この時間が永遠に続くようにと誰もが願います。

燃える愛を、ろうそくの灯火《ともしび》になぞらえて、ご紹介する秘儀を行いましょう。

このおまじないは、一人で行っても効果はありますが、二人で一緒に行うと効果が絶大になります。

［両想いをより強めるろうそくの秘儀］

① 小さめの白いろうそくを二本と白い半紙を一枚用意します。

② 丙《ひのえ》（南南東）の方角に体を向け、二本のろうそくを一〇センチほど離して横に並べます。

③丙（午前一一時前後）の時間に、二本のろうそくに同時に火をつけます。
④男性は好きな人を「守る」ことを誓い、女性は好きな人を「支える」ことを誓います。
⑤白い半紙に、二人の名前を縦書きで書き、二人の名前の間に「紡（つむぐ）」と書きます。
⑥ろうそくの燃え残りを⑤の半紙で包み込み、半紙を小さく折りたたみます。折りたたんだ半紙は、そのまま二人だけの強力なお守りになります。

白い半紙がなければ、Ａ４の白い紙で代用してください。丙とは、陰陽五行でいう「決」の方角です。丙の方向を向き、丙の時間に決断すると、その想いがより強固になります。

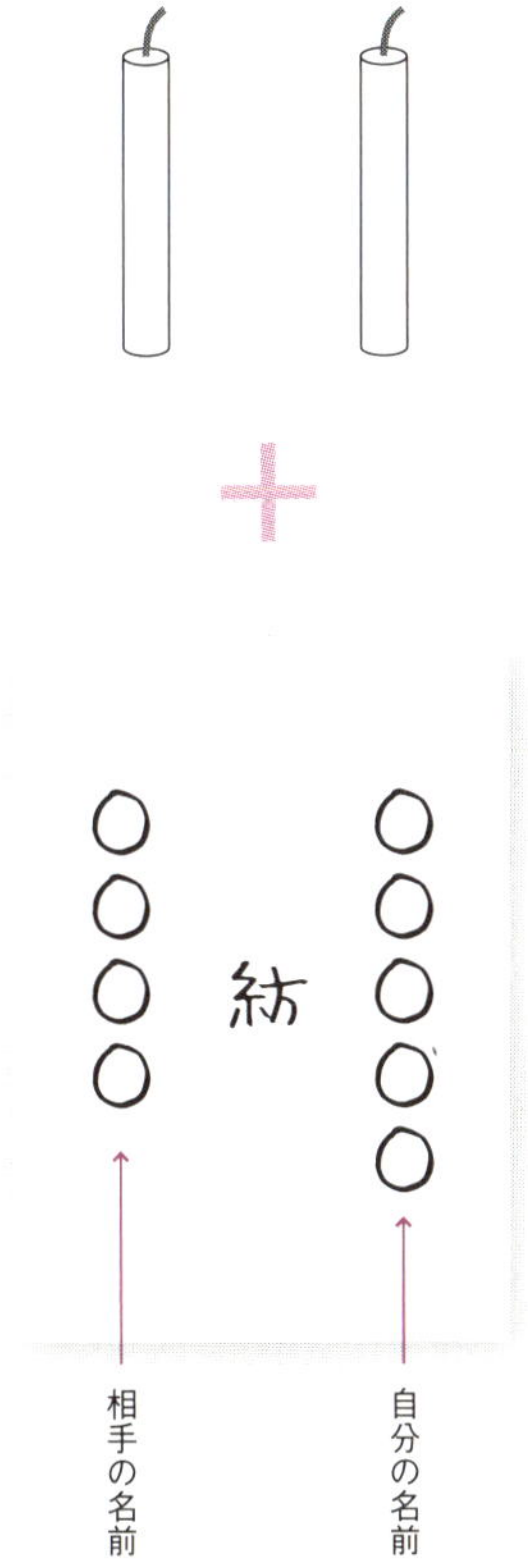
○○○○
紡
○○○○○
相手の名前
自分の名前

復縁がかなうか、すでに終わっているかがわかる「赤い糸の秘儀」

一寸の心のすれ違いで、離れ離れになってしまった二つの心。それを修復したい。もう一度あの人に会い、やり直したい。

そんな、復縁を願う人の思いを届けるおまじないがあります。

ただし、このおまじないは、行ってから一〇〇日間（約三か月）以内に連絡がない場合は、すでにその人との縁は切れているものと考えます。縁が続いているのか、すでに切れているのか、それがわかるのがこのおまじないです。

［再会（復縁）を願う願掛け］

① 再会したい人の写真を用意します。写真がない場合は人型の紙を用意し、再会したい人の名前と生年月日を書きます。

② 五センチの長さに切った赤い糸と、八センチの長さに切った赤い糸を一本ずつ用意し、二本の赤い糸を結びます。

③ 写真、または人型の紙の裏に、結んだ赤い糸をごはん粒でつけます。

④ 家あるいは自室の辛《かのと》（西北西）の方角に③を置き、願いを込めます。写真立てに入れてもかまいません。

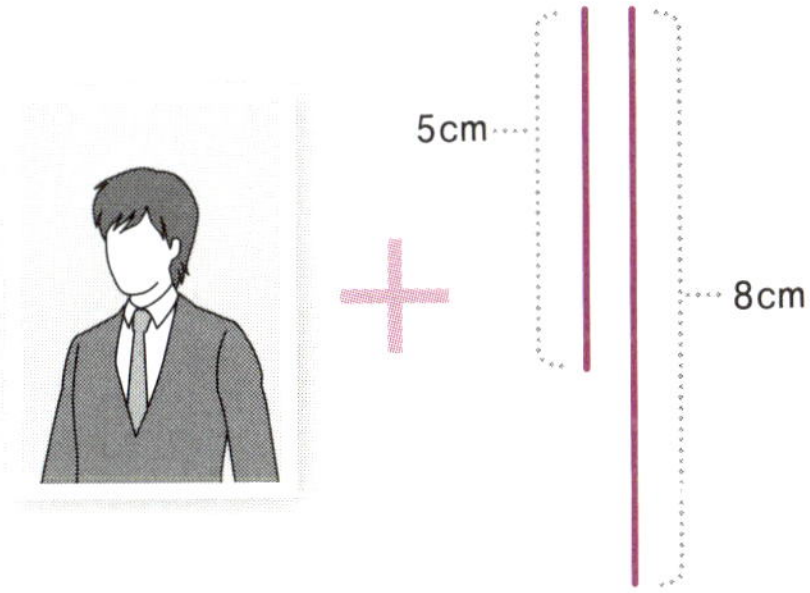

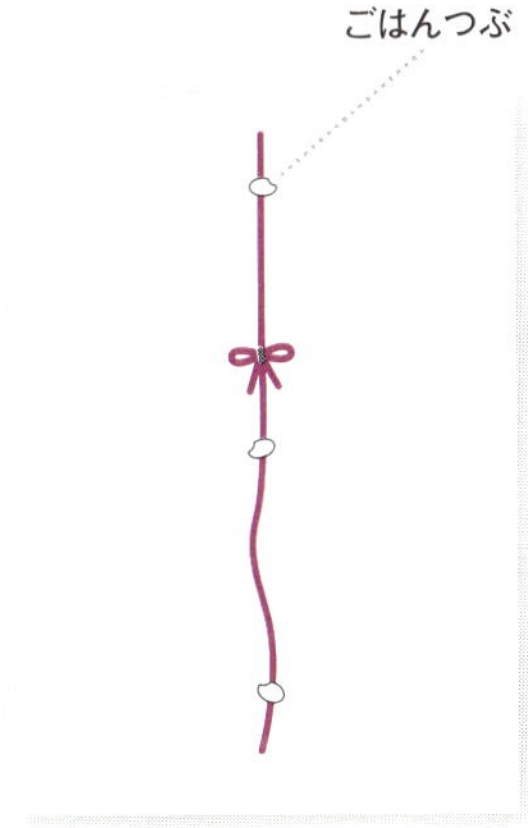

陰陽五行の教えで、辛は、「再開」を象徴する方角です。この「再」の方角に向かって願うことで、再会・再開、再度、といった「再び、もう一度」のチャンスが生まれるといわれています。

このおまじないは、復縁をかなえると同時に、「すでに終わっている縁かどうかを見極める」おまじないでもあります。もしも、一〇〇日過ぎても再会のチャンスがないというときには、その縁はすでに切れていると考え、新たな出会いへと気持ちを切り替えることを、私はおすすめしています。

恋愛の「木、火、土、金、水」の流れがわかれば、もうつまずかない！

古代中国で生まれた自然哲学に、五行思想というものがあります。

万物は、木《もく》、火《か》、土《ど》、金《ごん》、水《すい》の五種類の元素からなり、これら五つの要素が循環することで、自然界が構成されているという思想です。

木は、芽が出て伸びていく様子を表す。春の象徴。
火は、燃え上がる様子を表す。夏の象徴。
土は、踏み固め守る様子を表す。季節の変わり目の象徴。
金は、堅固・確実な様子を表す。秋の象徴。
水は、泉がわき出て流れる様子を表す。冬の象徴。

人の気質は木、火、土、金、水に分けることができますし、人生や物事も木、火、土、金、水の流れに沿って流れ、変化していくと考えられています。

季節と同じように、木、火、土、金、水の循環は絶えず繰り返されていますが、一巡りしたときに成長をしていれば、螺旋《らせん》階段を一階、二階、三階へと登るように、上へ上へと登っていくことができます。

しかし、一巡したときに成長していなければ、同じレベルに止まったままで、上のステージに登っていくことはできません。

この木、火、土、金、水の流れを恋愛に置き換えると、ある人のことが気になるのが木の時期で、その気持ちが恋となり愛となって燃え上がっていくのが火の時期。

そして、ともに地面を踏みしめて歩んでいくのが土の時期で、お互いにいいたいことをいう関係になり、カチンカチンとぶつかり合うことが出てくるのが金の時期です。

そして、金の次にくる水は、二人の関係の分岐点となる重要な時期となります。

金の時期にぶつかり合って、「あなたは身勝手よ」「おまえこそわがままだ！」とお互いが相手のことを責めていれば、二人の関係は水に流れて終わってしまいます。

水に流すということは、振り出しに戻るということ。新たな相手を見つけ、また一から恋愛をスタートさせることになります。

一方、水の時期に、相手のことを責めるだけでなく、どちらか一方が自分のことを省み、指摘された「身勝手」や「わがまま」を改める努力をしたら、二人の関係は、次のステージへと進むことになります。

そして、新たなステージで、一回り大きくなった状態で、木の時期を迎え、火の時期に再び燃え上がり、土、金と関係を強固にしていくことができるのです。

人は同じタイプの人を好きになり、同じような恋愛を繰り返すといいますが、それはまさに、水の時期に関係を流してしまったからなのです。

相手のことを非難するだけで、自分のわがままを直さないでいたら、新たな恋愛を始めても、またわがままが原因で別れることになります。

でも、自分のわがままに気づき、それを改めたら、もうわがままで別れることはなくなるのです。

別れの危機がやってきたら、それは学びが起きていることだと考えてください。

相手を非難するのではなく、自分自身を反省し、自分の器を広げることができたら、あなたは次のステージに進むことができます。

自分の器が大きくなると、自然と、相手の欠点すらよく見えるようになります。

「まったくしょうがない」と思うのではなく、「この人のこの欠点を直すために縁《えん》したのか」と思えば、相手に対する言葉や態度も変わってきます。

別れの危機に直面したときに、相手を救う言霊を使うか、相手を貶《けな》す言霊を使うかによって、縁がつながるか切れるかが決まるのです。

人は大きくなると、大人になります。「人」＋「大」＝「大人」です。「一」と「人」を重ねると「大」という漢字になりますよね。一人ではどんなにがんばっても、大人にしかなれませんが、よきパートナーを見つけ二人で一緒にがんばれば、「二」に「人」を重ねると「天」となり、天に向かうといいます。

共に成長し、天を目指す。

この人と決めた愛する人と手と手を取り合い、そんな関係を築いていっていただきたいと思います。

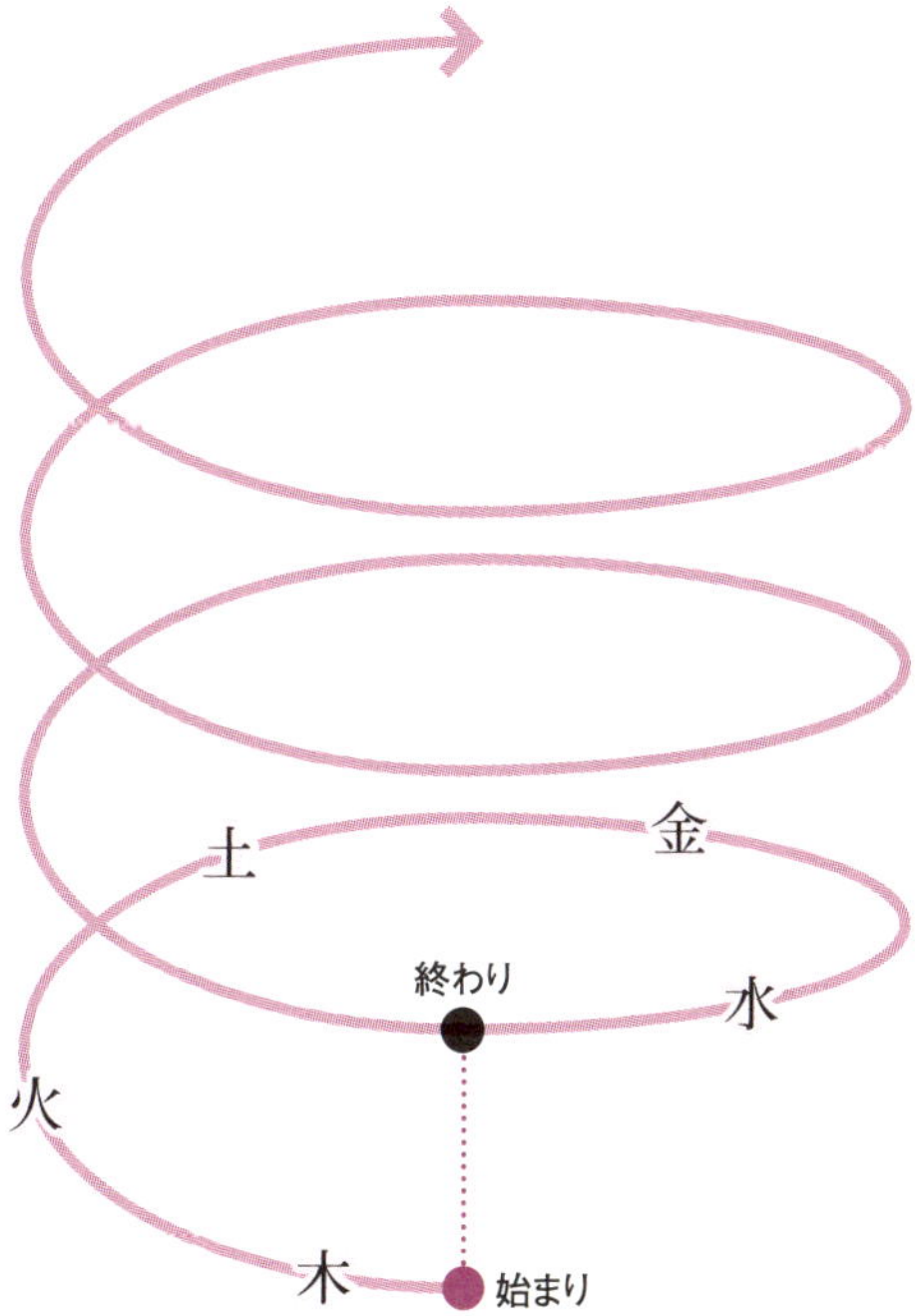
土
金
終わり
水
火
木
始まり

◎女は男を褒めなさい、男は女をねぎらいなさい

◎「筋肉」は男の入り口、「頭」は女の入り口と心得る

◎男性の話を聞くときは「すごい」「すてき」「なるほど」

◎別れのときこそ、相手を救う言霊を放つ

Chapter

5

お金に好かれる陰陽術

居心地のよい場所に人は住み着き、居心地の悪い場所から人は遠ざかる。

水が高いところから低いところへ流れるように、
少しでも居心地のよい場所を求めるのが生物のならいです。

お金は生き物ではありませんが、お金にはさまざまな人々のさまざまな念がこもっています。

人の念がこもったお金もまた、人と同じく、居心地のよい場所を好み、居心地の悪い場所を嫌うのです。

お金に好かれる人、お金に嫌われる人。

陰陽の世界で受け継がれてきた、お金にまつわる教えには、現代においても開運につながるヒントがたくさんつまっています。

「払う」は邪気を「祓う」こと。いつも気前よく払え！

川の水が清らかなのは、水が一か所にとどまることなく、たえず流れているからです。

どんなにきれいな水でも、コップに注いでそのままにしておいたら、その水はいつしか濁ってきます。

お金も同じで、使わずに溜《た》め込んでおくと、水と同じように濁ってしまいます。そこには、不和、淀《よど》み、といった、よくないものがついてくることもあります。

何かを得るため、何かをするために、私たちはその対価としてお金を払います。

お金持ちになりたい、お金をたくさんほしいと思うのは、ほしいものを手に入れるためであり、やりたいことをするためです。

お金は大切に扱うべきですが、浪費しないよう大切に使うことと、使わずに溜め込むこととはまったく意味が違います。

お金は交換手段であり、道具。

目的によって、まとまったお金が必要になるときは、一時的に保管することもありますが、これは、使うという前提があって貯《た》めているのであり、貯めること自体が目的ではありません。

何かをするための道具であるお金を、なるべく使わないように後生大事に保管し、貯め込んでも意味がありませんよね。

「銭」を「守」る「奴」と書いて「守銭奴」といいます。

守銭奴の意味は、異常なまでにお金を貯めることに執心する人、ケチな人です。

お金は、人が生活を営む上で必要不可欠なものですが、ときにお金は人を惑わし、悪い方向へ向かわせることもあるのです。

守銭奴は、いわばお金を濁ったものにしてしまう人のこと。

お金を濁らせないためには、水と同じように流し、循環させることが大切です。

お金を相手に渡すことを「払う」といいますね。

この払うという言葉は、悪いものを取り除く「お祓い」と読みが同じですよね。

陰陽の世界では、同じ韻を踏む言葉は、同じ意味がある、つながりがあると考えられています。

つまり、お金を払い、循環させることは、お金が持つ邪気を祓うことでもあるのです。

川の水が常に流れていても涸れることがないように、お金も適切に使うことが、手元に戻って、循環していくのに不可欠なのです。

なぜ、ケチなことを考えると運気が下がるのか？

お金やものを惜しんで出さないこと、またはそうする人のことをケチといいます。

ケチの語源は、不吉なこと、縁起の悪いことを意味する「怪事《けじ》」。

「ケチがつく」（＝縁起のよくないことが起こること、悪いことが起こり物事がうまく進まないこと）や「ケチをつける」（＝物事を悪くいうこと、難癖をつけること）も「怪事」がなまり、転じた言葉といわれています。

私自身、昔から、ケチはするな、ケチくさいことはいうな。といわれて育ちましたが、それは、単に見栄を張れということではなくて、ケチなことをしていると、「怪事」がつく、ということだったと、陰陽の教えをひもといたいまはわかります。

お金の使い道を熟慮する「節約」は大いにすべきですが、ケチは運気を下げてしまう「怪事」。できるなら、ケチな行動はとりたくないですよね。

お金を払うことは、怪事を「祓う」こと。

気持ちよくお金をきちんと払うことが、開運のカギであることはいうまでもありません。

さて、日本には、頭数で代金を割ってそれぞれが同等の代金を支払う、割り勘という風習がありますが、私の故郷では、先輩は後輩におごるものと相場が決まっていました。

先輩は自分の財布の中身が寂しくても、おなかをすかせた後輩におごるのがあたりまえ。誰しも先輩におごってもらった経験があるから、自分が先輩という立場になったときに、後輩たちにおごるわけです。

後輩におごることが、間接的に先輩へのお礼になる。

気前よく払うと「怪事」が祓われ、必要なときにお金が巡ってくる。

諺《ことわざ》でいうところの「お金は天下の回りもの」という考えが、私の故郷では広く共有されていたのでしょう。

先輩が後輩におごるのがあたりまえのように、男性が女性におごるのもあたりまえです。

大勢で食事に行ったときは別として、男女二人で食事をしたら、多くの男性は、「自分が払おう」と思うはずです。

一方、女性の中には、「自分も働いてお金を稼いでいるんだから、自分が食べた分は自分で払いたい」と思う人も少なくないようです。

こんなとき、割り勘で払うのが無難なのかもしれませんが、もしも「自分が気前よく払いたい」というときには、数字を二分割する割り勘なら、女性に気を遣わせることなく男気を見せることができるかもしれません。

たとえば、支払額が六五九〇円だった場合、通常の割り勘では三二九五円になりますが、四つ並んだ数字を「六五」と「九〇」と二つに分割し、男性である自分が六五〇〇円を相手の女性が九〇円を払うよう提案するのです。

女性としても一度出したお財布は、しまいにくいものですし、いくらかお金を出せば、「おごらせてしまった」という心の負担も軽くなるかもしれません。


ところで、男性というのは面倒くさい生き物で、おごる気満々でも、女性に「おごられてあたりまえ」という態度をあからさまにとられると幻滅するものです。

多くの男性は、会計のときに急にトイレに行って雲隠れしたり、レジでお財布を出そうともしない女性に対しては、「もう二度と一緒に食事はしない」と思ってしまうはずです。

ケチな行動、ケチくさい態度は「怪事」を呼び込むと心に留めて、気持ちを浄化させるためにも、お金は気前よく払いたいものですね。

蛇の抜け殻を入れるとなぜ金運が上がるのか

金運を上げたい、というご相談をいただくとき、私は必ずこうお話しします。

「あなたのおっしゃる金運とは、道端で一〇〇万円の札束を拾いたい、というものですか？　もしそうであれば、それは、金運を上げていくのは難しいですよ。私がお伝えしている金運、そして、金運を上げる方法というのは、あくまでも、仕事の成果として入ってくるお金の運、ということですよ」と。

ここでご紹介する金運を上げる方法も、棚からぼた餅《もち》のように何か幸運が降ってきたことによって上がる金運、のことではありません。

仕事運が上がることにより、仕事の対価として得られるお金。その運気が上がっていく。それをかなえるおまじないです。

「蛇の抜け殻を財布の中に入れておくと金運が上がる」

そんな昔からの言い伝えを聞いたことがある人も多いのではないでしょうか。

高知の四万十川のほとり、山深い場所で生まれ育った私も、祖母からこの教えを受けた当時、毎日のように山に入り、蛇の抜け殻探しに奔走したものです。

私が授かった教えによれば、**蛇の抜け殻は、できることなら、「一本まるごと」がいい。**途中で切れていない、頭のてっぺんからしっぽの先まで残っている蛇の抜け殻が一番いいそうですが、かけらだけでも、その効果があるといわれます。

私は当時からいまに至るまで、頭からしっぽの先まですべて残っている蛇の抜け殻を見つけたのは二度だけでした。そのときは、「ばあちゃ〜ん、見て見て！　見つけた！」と喜び勇んで、祖母に見せに行ったことを覚えています。

そのときの抜け殻を、私はいまも鞄《かばん》に入れ、持ち歩いています。中学生のときに見つけたものですから、実に三〇年ものです。

実際これまで、ありがたいことに、金運は上がり続けていると感じていますが、なぜ、蛇の抜け殻を財布に入れると金運が上がるのでしょうか。

これには龍神様が関係しています。

龍神は、商売の神様といわれていて、蛇は、その龍神の使い、といわれています。私の田舎《いなか》もそうですが、春先、神社の奥の院と呼ばれる、人気の少ない山深い場所には、冬眠から覚めた蛇たちの抜け殻が見つかります。奥の院とは、神社のご神体などを祀《まつ》っている、神聖な場所。あまり人も来ず、崖や岩などに覆われた場所も多いものです。

蛇たちは、龍穴と呼ばれる冬眠していた穴から出て、岩や崖に体をこすりつけるようにして、脱皮します。雪解けによって、岩に張りついたように現れるこの脱皮した蛇の抜け殻は、まさに龍のよう。

これを見て、昔の人たちは「今年も、龍神様が天に帰った、帰った」といい、龍神様のご加護で、冬を越してまた春を迎えられることを喜んだ、というわけです。

蛇が龍神になって、天へ帰っていった抜け殻はいわば、蛇と龍神とをつなぐもの。そんな考えから、蛇の抜け殻は金運を上げることにつながると考えられるのです。

お金の「入り口」と「出口」とを同じ場所においてはいけない

私たちの居場所が自分の家であるように、私たちが所有するお金の居場所はそれぞれのお財布です。

お財布が居心地のよい場所となっていれば、そこにお金が集まり、お財布が居心地の悪い場所であれば、そこからお金が逃げていきます。

蛇の抜け殻を入れるのは、金運を上げるのに効果がありますが、その前に、財布がお金にとって居心地のよい場所になっていなければ、蛇の抜け殻の効果も半減してしまうでしょう。

まずは財布の中の風通しをよくしておかないと、金運は舞い込むことはありません。

定期的に、ひと月に一回は、財布を隅々まで拭き掃除する習慣は、金運を呼び込みます。

財布の形状は、お札をまっすぐきれいに保つことができる長財布が、お金が貯まる財布として一般的ですが、私が授かった陰陽の教えの中で、「してはいけないNG習慣」がありますので、ご紹介します。

それは、「レシートとお金を同じ場所に入れてはいけない」ということ。

財布の中で、お札や小銭と同じマチやファスナーポケットに、レシートや領収書を入れてはいけません。

陰陽の教えでは、「出入り口が同じ」というのは、「安定」を表します。

これから出ていくお金は、「始まり」であり「入り口」、出ていったお金の領収書やレシートはお金の「終わり」つまり、「出口」です。

これら、「入り口」と「出口」が同じ位置にあることは、陰陽の教えでは、「安定」となります。安定とは、一見いいことのように見えますが、こと、財布についていえば、「これ以上増えない」ことを示してしまうのです。

風も、水も、出入り口があるから、中に流れが生まれます。お金の居場所であるお財布も、「入り口」と「出口」を区別して、そこに流れをつくることで、たくさんのお金が舞い込む財布にしたいものです。

お札は「神様」、上座には一万円札に座ってもらいなさい

金運を高めるお財布の使い方、つまりお金にとって居心地がよくなるよう、お財布の環境を整える方法については、さまざまな人が語っているので、ここでは、私が陰陽の教えをベースに、実践していることについていくつかお伝えします。

まずは、お札はお財布の奥から、一万円札、五千円札、千円札と大きい順に入れることです。

奥は偉い人や高貴な人が座る場所、上座です。「奥」と「手前」では、奥が「陰」、手前が「陽」。

人ではなく道具とはいえ、お金に対してしっかりと敬意を払い、一万円札には必ず奥の席に入ってもらうようにしています。

また、お金が出ていきにくいように、お札に印刷されている顔を逆さにして入れるという人がいますが、もしも、私たちが実際に逆さにされたら頭に血が上ってしまい、苦しくなりますよね。

印刷された肖像ではありますが、福沢諭吉氏にも、樋口一葉氏にも、野口英世氏にも、お財布の中で快適に過ごしてもらえるよう、私は、お財布の上下と顔の上下は同じになるようにしています。

紙でできたお札は「神」、と私は教えられました。

「紙」はすなわち、「神」。

言葉遊びのように思われるかもしれませんが、私の先祖代々の教えでは、昔から同じ韻を持つ「紙」は、「神」に同じ、雑に扱うことなかれ、粗末に扱うことなかれ、という教えが受け継がれてきました。

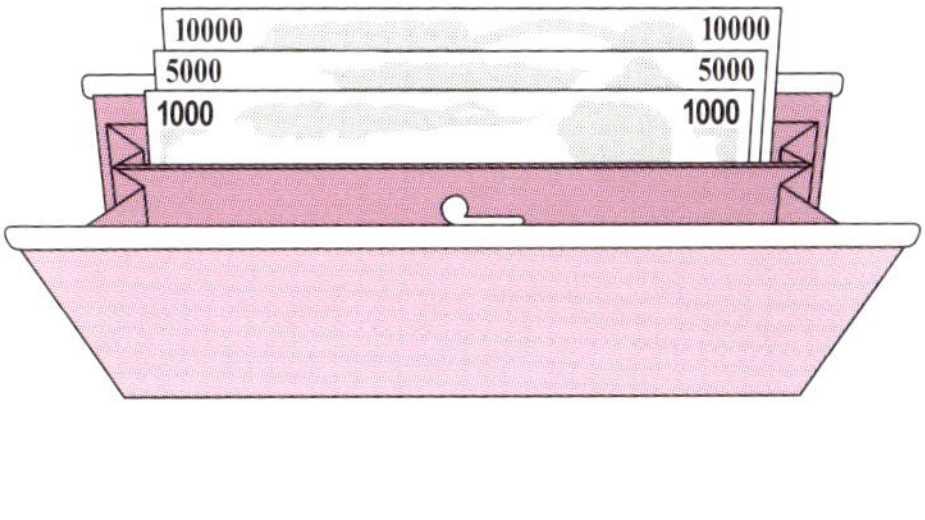

お金がお財布の中に長くとどまることは決していいことではありません。お金が気持ちよく滞在し、いい気分で出ていくのを見送ったら、また温かくお迎えすればいいのです。

そして、何事に対しても前向きでありたいので、顔がある面を、お財布の前側に向けるようにしています。

小銭は常に「五円玉を九枚」財布に入れておきなさい

「紙」は「神」として、紙幣を奥から大きい順番で、清潔な財布に入れることとあわせて、私が実践しているのは、**小銭に暗示をかける**ということです。

小銭は、なるべく五円玉を集めるようにしています。

「五円」は「ご縁」と同じ読み。縁起をかついで、ご縁が集まるようにと願いを込めて五円玉を集めているのです。

とはいえ、ひたすら集め続けてはお財布がパンパンに膨らんでしまいますよね。

ですから、適宜使いつつも、**お財布の中に五円玉が常に九枚あるように心がけています。**

なぜ九枚なのかというと、ごくしじゅうご（五×九＝四五）で「しじゅうごえん（始終ご縁）」となるからです。

五円を九枚持つことで、始終ご縁があるようにと、ゲンを担いでいるのです。

ちなみに、五円玉が発行されたのは明治に入ってからで、それ以前は、五円玉は存在しませんから、五円玉集めのゲン担ぎは、私が勝手に意味づけをしたものです。

とはいえ、意味づけをしたことで、私の意識は確実に「ご縁」を集めることに向かうようになりました。

小銭を扱うたびに、五円を意識し、ご縁を大切にしようという気持ちを持つ。そういうプラスのスイッチを入れることが何よりも大切なのです。

ちなみに、**五円玉を九枚重ねて、黄色かオレンジ色の紐や糸で結んだものを、会社のデスクの二番目の引き出しに入れておく方法でも、仕事運と金運が上がります。**

黄色やオレンジ色というのは、陰陽の色の考え方において、「豊作」「大器」の意味を持つ色で、その色で結ぶと、金運や出世運に関係するご縁が結ばれていきます。

黄色やオレンジ色ではなく、赤やピンクで結んだ場合には、恋愛運に関係するご縁が結ばれていきます。

なぜ、引き出しの二番目なのかというと、一章でも説明したように、「二」という数字は、助詞の「と」を意味する「結ぶ」数字だから。自分と誰かとを「結ぶ」ことを意味する「二」なのです。


人は、ご縁を結びたい、と思っても、しばらくするとその願望そのものを忘れることがあります。そんなとき、目に見える形で、自分自身の「願望」を形にしたものが目の前にあれば、意識をそこへ向け続けることができます。

陰陽師がやっていたさまざまな呪術を思い出していただくといいでしょう。

たとえば、安倍晴明が人型の紙の式神を使って、厄払いをしたり、念を送ったりしていたのを、テレビや映画で見たことがある方も多いでしょう。

どれも、目に見えない力を、目に見えるものに託し、それを使って操っていた、といえます。目に見えないものを、目に見える形で示し操るのは、陰陽師ならではの術でしょう。

五円玉を結んで引き出しに忍ばせるのは、陰陽師でなくても誰にでもできるおまじないですが、これは、自分の意識を「ご縁を紡ぐこと」に集中させるために、見えないはずのものを、見える形にしたもの、と言えます。

すべての事象は暗示です。強く思ったものが、現実として目の前に立ち現れます。結びたいご縁を現実に導くために、「目に見えるもの」によって、結びたいご縁を常に想起し、強くイメージさせ続ける意味で、こうしたおまじないは効果があるといえるのです。

お金の「使い道」次第で、神様の援助を受けられる

神道では、私たち人間は神の分け御霊であると説いています。

人の魂は神様からいただいたものであり、人は誰もがみな神様の子どもなのです。

いい換えれば、神様は私たち人間にとって親のような存在というわけです。

ところで、親というものは、我が子が自分と同じ仕事を志すとうれしく思い、熱心に応援をしたくなるものですよね。それが親心というもの。

神様といえども親心は人間と同じこと。

自分の分け御霊である人間が自分と同じ仕事を志すと大変うれしく思い、それが成功するよう熱心に応援をしてくれるのです。

神様の仕事とは、天地創造。

つまり、世の中のためになるものを生み出そうとしている人、世の中のためになる仕組みを考えようとしている人を、神様は好ましく思い、援助の手を差し伸べるのです。

我が子の仕事を成功に導くべく、神様は必要な出会い、必要な出来事、必要なお金をしかるべきタイミングで与えてくれるのです。

お金は物事を成すための道具です。

なんの目的も持たない子どもに、使うあてのない道具を与える親はいません。

神様は、なんのために使うのかという、お金の使い道に興味を抱くのです。

ですから「お金を儲《もう》けたい」「お金持ちになりたい」という願いは、神様の耳には届きません。

神様の心を動かすことができるのは、目的のない願望ではなく「何かを創造したい」という熱意なのです。

場合によっては、「お金を儲けること」を目的とし、多くのお金を集める人もいます。しかし、「お金儲け」を目的としてお金を儲けた人のところには、お金目当ての人しか集まってきません。

まるで、甘い食べ物がある場所にアリが一気に集まるかのように、お金に引き寄せられて、お金にたかろうと集まってくるのです。

一時は、お金とともに人望まで集めたかのように思えるかもしれません。けれど、お金に引き寄せられて集まった人というのは、お金がなくなれば即座に去っていくものです。

甘い食べ物に、一時群がっていたアリが、その食べ物がなくなったとたんに一匹もいなくなるのと同じ原理です。

一方、たとえお金がなくても、「何かを成そう」という志を持った人のもとにも、人が集まってきます。

志に共感し、集まる人というのは、お金があろうが、なかろうが関係はありません。志に共感している限り、去っていくことはありません。

志を持てば、神様の手助けも得られ、人も集まってくるのです。

「大黒様」に好かれる人「もったいないおばけ」に寄りつかれる人

部屋を片づけると幸運が呼び込まれる、とよくいわれますね。

実際のところ、お金持ちの部屋は整然とキレイで、ゴミ屋敷のような部屋に住む人はお金がないお金がない、といっているような気がしませんか？

ゴミ屋敷に住んでいる大金持ちも、もしかしたらいるのかもしれませんが、私が知る限り、お金持ちのお宅は、どこもきちんと片づけされています。お金に困っている人ほど、家の中にものが多く、雑然としています。

私はこれを、「大黒様が住み着く家と、貧乏神が住み着く家がありますよ」といつもお話ししています。

子どものころ、食べ物を残すと、「もったいないおばけが出るよ」と、いわれた経験がある人も多いのではないでしょうか。もったいないおばけとは、いい換えれば「貧乏神」のことです。

このもったいない、という言葉は、陰陽の教えと、密接に関係しています。

もったいない、の「もったい」とは、漢字で書くと、「勿体」となります。漢字を見ていただくとわかりますが、この「勿体」の、左に牛偏がつくと、「物体」になります。

この「勿体」と「物体」は、陰陽の考え方では、対極に位置するもので、「物体」が陽、「勿体」は陰とされます。

物体とは、目に見える「もの」。

対極にある「勿体」とは、目に見えないもの、すなわち「心」を表します。

「勿体」が「ない」ということは、「心」が「ない」ということ。

すなわち、「もったいない」といわれるときは、「あなたには、心がないの？」といわれているのです。農家の方が一生懸命大切に育てた作物を残すなんて、あなたには心がないの？　というわけです。

もったいない、といわれ、ものを大切にするようになると、「勿体がある」状態になります。

ちなみに貧乏神は、ものが多く、ごちゃごちゃとした家に住み着き、大黒様はものが少なく、すっきりしている家に住み着くといわれます。

ものが多く片づいていないと、使いたいものがどこにあるかわからず、同じものを二重三重に買うことになりますが、すっきり片づいていれば、必要なものがどこにあるかすぐわかり、無駄にものが増えることもありませんよね。

ものが少なく、家の中がすっきり片づいていると、大黒様が「こんなにものが少なくて、足りないものはないかい？」と住み着いてくれるというわけです。

ただし、お金をたくさん持っていても、ものに執着し、「心」を持たないまま、ものをたくさん買い込むと、やがて貧乏神が住み着くようになります。

家の中も、財布同様、いつも整然と風通しよく、いい運気が流れる空間にしておくのがよいでしょう。

◎ケチは運気を下げる。いつでも気前よく「払う」

◎蛇の抜け殻を入れる

◎レシートとお金とを、同じマチに入れない

◎大きいお札ほど、奥の上座に座らせる

◎常に財布には五円玉を九枚入れておく

エピローグ

運気を上げるための、陰陽師の教えをお伝えしてまいりました。

この本でご紹介したことは、陰陽師を祖先にもつ私に、師匠である祖母が、まさに膝をつきあわせて、祖母の肉声で、肉筆で、私に心を込めて、先祖代々の思いを込めて、受け継いでくれたものでした。

祖母は、五年ほど前に他界しましたが、いまも、この教えを授かった中学時代のことを思い出すと、背筋がピンと伸びる思いがします。

先祖代々、山深い四国四万十の地で、祖先である陰陽師たちが密かに受け継ぎ、残してきた大事な知恵の数々。

古くは、門外不出の学問といわれたこの陰陽の教えは、森羅万象すべての物事にあてはまる真理。あらゆる事象に通じる宇宙のしくみを教えていたがゆえに、権力者が、他によって知られることを恐れたのでしょう。

天体を読んで未来を占い、祝詞《のりと》を唱えてもののけを祓《はら》い、式神を使って念を飛ばしたとされる陰陽師。時の権力者をも動かしたとされる彼らにまつわる、さまざまな呪術は、怪しく妖艶であるがゆえに注目を集めますが、それらの教えの中で、私が最も後世に伝えていきたいもの、受け継いでほしいものは、呪術そのものではありません。


すべての物事には、陰と陽があること。

陰と陽とを移ろいながら、変化していくものである、ということ。

すべての物事は、「陰に始まり、陽に終わる」ということ。


これらのことをお伝えすることで、お読みいただいた方の毎日の暮らしが少しでもよりよく、明るく、前向きになればと、ここまでお伝えしてまいりました。

マイナスに見える事柄が身にふりかかったとしても、それは「陽」へと導かれているのだということ。「陽」が来るためには、「陰」が必ず必要である、ということ。

その教えを、あなたの生活にいかしていただければ幸いです。

人の一生を考えるとき、多くの人は、「人は生まれたら死ぬ」といういい方をしますが、陰陽の教えでは、これは反対になります。

「人は死んだら生まれ変わる」

これが、陰陽の教えの中で人の生き死にを説明する言葉です。

エネルギーの流れでいえば、「死ぬ」という「陰」があってはじめて、「生まれる」という「陽」がもたらされる、ということです。

セミナーなどで冒頭、私はよくこんな質問をします。

「種を植えて、最初に何が出てきますか?」

多くの人は、口をそろえてこう答えます。

「芽が出ます」

お読みいただいた方も、そう思われたでしょうか?

しかし、種を植え、最初に出るもの。それは芽ではありません。

「根」です。

どんな植物も、種を植え、最初に出るのは「根」です。

これは、「陰に始まり陽に終わる」という陰陽の世界の考え方をとてもよく表しています。根があるから、芽は出てくる。根が下へ下へと伸びるからこそ、葉は広がり茎は伸び、いずれ花が咲いて実がなるのです。

根とは、マイナスの出来事や状況、つまり「陰」です。根という漢字のつくりは、鬼門を表す「艮《うしとら》」です。「艮」の頭の点がない、「良にあらず」という意味の「艮」。根が下へ下へと伸びていくイメージと合致するのではないでしょうか。

でも、そんな根があるから、上へ上へと芽は伸びます。「陰」があるからこそ、「陽」は生まれる。陰なき陽はないのです。

昔の人はよく、苦労は買ってでもしろ、といいましたが、これは、花を咲かせるためには必ず苦境や苦労が必要であること、それがないことは、結果として退化を招くと知っていたからでしょう。

だから私は、不運や、悪い流れが身にふりかかったときにも、それを嘆き悲しみ、人生を投げ出すのではなく、そこを起点に、方向を切り替えるチャンスととらえてみてはいかがですか？　と、これまで多くの方々にお伝えしてまいりました。

「幸」の上一本線が足りない「辛」は、「幸にあらず」という意味ですが、一本の線が入れば「幸せ」となります。

物事は、陰に始まり陽に終わる。

不運があるからこそ、強運は引き寄せられる。

悪い流れにあるのかな、運気が下がっているのかな、という思いが心をよぎったそのときに、あなたにとってのお守りとして、人生によきご縁と流れをもたらす本となるよう、エネルギーを込めてお届けします。

幸輝

二〇一六年　十月吉日

幸
Kouki
輝

四国霊場の陰陽師の末裔。祈禱師である祖母から幼年より精神世界について学び、その道を30年前より歩み始める。祖母の教えであった両手の相を観て当てる、手相鑑定師として活躍する傍ら、占術の世界を深めてゆく。10年前その的中率から、師事した師匠に、占って導く「占導師」という位を拝受。以降、「未来を創る占導師」として活躍。1200年前から伝わる陰陽師由来の「四維八干」という命術と、独自に編み出した「御縁鑑定」によって、セミナー受講をあわせ、5万人超の人生を好転させてきた。鑑定依頼は企業経営者から大学生まで幅広く、相談内容も、縁結び、家族関係改善、復縁、転職、就職、起業、会社の繁栄まで多岐にわたる。「当てる占い」ではなく、依頼者自らの手で望む未来を手に入れることに重きを置く鑑定は、運気を上げ、人生を変えると定評がある。47都道府県での鑑定実績があり、日本全国にファンを持つ。一般社団法人日本占導師協会代表。

http://sendoushi.jp/

悪運をはねのけ強運を引き寄せる

陰陽師の教え

2016年10月30日　初版発行
2020年２月25日　第5刷発行

著　　者　幸輝
発 行 人　植木宣隆
発 行 所　株式会社サンマーク出版
〒169-0075
東京都新宿区高田馬場2-16-11
☎03-5272-3166（代表）
印　　刷　共同印刷株式会社
製　　本　株式会社若林製本工場

ISBN978-4-7631-3587-2

ホームページ　http://www.sunmark.co.jp